KB252463

30대 이후의 **인생 재테크**
펀드투자로 시작하라

30대 이후의 **인생 재테크**
펀드투자로 시작하라

초판 인쇄 · 2004년 9월 14일
초판 20쇄 · 2008년 4월 10일
지은이 · 강창희
발행처 · 팜파스
발행인 · 이지은
기 획 · 한성출판기획(www.ibook4u.co.kr)
디자인 · 김석일
표 지 · 이동훈
마케팅 · 정재훈
등록일자 · 2002년 12월 30일
등록번호 · 제10-2536호
주 소 · 121-840 서울시 마포구 서교동 404-26 팜파스빌딩 2층
전 화 · (02)335-3681
팩 스 · (02)335-3743
E-mail · pampas@pampasbook.com

값 9,000원
ISBN 978-89-90607-18-8
잘못된 책은 바꿔드립니다.
팜파스는 독자 여러분의 의견을 소중히 생각합니다.

30대 이후의 **인생 재테크**

펀드투자로 시작하라

강창희 지음

팜파스

"과연 지금과 같은 저금리·고령화 시대에는 노후대비 생애설계를 어떻게 해야 할까? 정도껏 재산을 형성하여 편안한 노후를 보내고 싶은 사람이라면 젊은 시절부터 그 준비를 하지 않으면 안 되는 시대가 왔다."

…

올해로 증권업계에 종사한 지 31년이 되었습니다. 대우증권에서만 21년을 근무했는데, 그곳에서의 주된 업무는 외국인 투자자들에게 우리나라의 주식이나 채권투자를 중개하는 일이었습니다. 그러던 중 1997년 IMF 금융위기를 맞게 되었고, 증권업계에도 구조조정의 한파가 몰려와 주위의 많은 동료들이 명퇴로 업계를 떠나야 했습니다. 운 좋게도 그때 저는 현대투신운용의 대표를 맡게 되었는데, 당시 솔직한 심정은 이 격변하는 환경 속에서 단 몇 개월이라도 대표이사 이력을 남길 수 있다면 감지덕지할 일이 아닌가 하는 것이었습니다.

그런데 예기치 않았던 대박(?)이 터졌습니다. 많은 투자자들이 기억할 것으로 생각되는데(그다지 유쾌한 기억이 아니겠지만), 1999년에 증권시장을 떠들썩하게 만들었던 BUY KOREA FUND의 운용을 저희 회사가 맡게 된 것입니다. 단 몇 개월 사이에 10조 원이 넘는 거금이 주식형 펀드에 유입되었는데, 해외 언론에까지 소개될 정도로 화제를 모았습니다. 그러나 그 후 주가하락으로 많은 후유증이 나타났던 것은 다들 기억하고 있을 것입니다.

우여곡절 끝에 저는 현대투신을 떠나 굿모닝투신운용의 설립 작업에 참여하여 대표이사를 맡게 되었습니다. 그 동안의 경험을 바탕으로 저는 투신운용업의 본질이 무엇이고, 어떻게 해야 성공하는 운용회사를 만들 수 있는지에 대해 나름의 견해를 펼칠 수 있었습니다. 따라서 이번에야말로 작지만 확실한 운용철학과 일관성을 가진 운용회사를 만들어 보겠다고 결심했습니다.

그런데 이번에는 대주주의 사정으로 굿모닝투신이 영국 최대의 보험사인 프루덴셜그룹에 매각되었고, 저도 대표이사직에서 물러나야 했습니다. 그 일을 계기로 저는 30년 넘게 몸담았던 증권업계 전반에 대해서, 그리고 제가 이뤄온 것들에 대해서 되돌아보는 시간을 가질 수 있었습니다. 그런데 불행하게도 투자자를 행복하게 해준 경험보다는 손해를 입힌 경험이 더 많이 떠올랐습니다.

고심 끝에 결심한 것은 이번 기회에 본격적인 투자교육 활동을 해보자는 것이었습니다. 물론 그것은 순간적인 결정은 아니었습니다. 우리나라 투자자들이 성공하기 위해서는 주가를 예측하고 대박 종목을 개발하는 일보다 투자의 원칙에 대해 제대로 교육받는 일이 더 중요하다는 생각을 몇 년 전부터 해왔으니까요. 증권시장과 투신시장의 건전한 발전은 투자교육 없이는 정말로 불가능하다고 생각했습니다.

투자교육 활동을 시작한 이후, 올 8월 말까지 250회 정도의 강의를 해왔습니다. 일반투자자, 금융기관의 투신상품 판매 담당자, 각급 학교 교사, 기업 경영자 및 IR(투자자에 대한 재무·홍보) 담당자 등 교육 대상자들도 매우 다양합니다.

사실 투자교육에 대해 이렇게 수요가 많으리라고는 예측하지 못했습니다. 이는 투자자들이 변하고 있고, 기업 경영과 금융기관의 경영도 변하고 있으며, 학교교육도 변하고 있다는 증거입니다.

그런데 강의를 할 때마다 느끼는 것은 개인투자자들의 지식수준이 매우 높은데도 불구하고 투자의 본질적인 문제에 대해서 거의 관심을 기울이고 있지 않다는 점입니다. 강의 중에는 중국 위안화의 환율전망, 선물·옵션시장의 전망 등 전문가도 깜짝 놀랄 만한 질문까지 나올 지경입니다. 그런데도 이들 투자자들은 단기에 시세차익을 낼 수 있는 방법에만 관심을 쏟고, 왜 투자를 해야 하는지, 투자에 성공하기 위해서는 어떤 자세가 필요한지, 장기·분산투자가 왜 필요한지 등과 같은 본질적인 문제에 대해서는 그다지 관심을 기울이지 않습니다.

짧지만 우리나라 증시의 역사를 보거나 미·일 선진국의 경험을 살펴보아도 개인투자자들이 단기 시황 전망만을 근거로 주식개별종목에 투자하여 성공한 사례는 많지 않습니다. 미국의 1929년 대공황 시기, 황금의 1960년대 후반, 일본의 1980년대 버블호황 말기와 1999년에서 2000년 사이의 IT주가 상승시기가 그 사례에 속합니다. 당시에 미·일의 개인투자자들은 단기 시황 전망을 믿고 대량의 자금을 주식에 투자했다가 이후 주가 급락으로 큰 피해를 입었습니다.

선진 증시의 투자자들은 이 같은 경험을 통해 5년, 10년 장기 투자를 하는 것이 시황 전망에 따라 빈번히 사고파는 것보다 결과적으로 훨씬 높은 수익을 낸다는 것을 깨달았습니다. 따라서 그들은 주가가 오를 것 같으니까 주식개별종목이나 주식형 투신을 사고, 주가가 떨어질 것 같으니까 파는 식으로 투자를 하지는 않습니다. 그들은 철저하게 자신의 생애설계에 맞는 펀드 포트폴리오를 짜고, 시황에 관계없이 이를 관리해 나감으로써 노후에 대비한 재산형성을 해나갑니다.

이 책은 이러한 선진 증시의 사례를 참고로 해서, 과연 우리나라의 현 상황과 같은 저금리 · 고령화 시대에는 노후대비 생애설계를 어떻게 해야 하고, 재산형성은 어떻게 해나가야 할지를 소개할 것입니다. 독자들이 이 책을 통해 노후대비 자산운용을 하는 데 조금이라도 아이디어를 얻을 수 있다면 글쓴이로서 더할 나위 없는 영광이 될 것입니다.

마지막으로 어려운 경영환경 속에서도 '투자교육'의 가치를 인정하여 투자교육연구소장의 직책을 맡겨준 미래에셋 금융그룹에 지면을 빌어 감사의 마음을 전합니다. 앞으로도 투자자 여러분께 도움이 되는 조언을 해드릴 수 있도록 끊임없이 노력해 나가겠습니다.

제1장 저금리 · 고령화 시대, 재테크의 돌파구를 찾아라

제2장 황금 노후생활, 저축만으로는 어렵다

1. 너무 오래 살지 모를 위험에 대비하라
2. 노후문제, 가볍게 생각하지 마라
3. 고금리 시대, 어쩌면 다시 오지 않을지 모른다
4. 노후에 무기가 되어줄 나만의 주특기를 키워라

저금리 · 고령화 시대,
재테크의 돌파구를 찾아라

1   너무 오래 살지 모를 위험에 대비하라

직업관계상 투자와 관련된 책을 많이 읽게 되는데, 얼마 전 일본에서 출간된 책을 읽다가 의아한 적이 있었다. '장생(長生)의 리스크'라는 말 때문이었다. 불로장생의 장생이라면 오래 산다는 뜻인데, 오래 살면 좋지 왜 그게 리스크란 말인가?

좀더 읽어내려 갔더니 이렇게 쓰여 있었다.

"우리가 교통사고를 당하거나 병이 들어서 평균수명보다 일찍 죽을지 모르는 위험에 대비하기 위해 생명보험에 드는 것처럼, 너무 오래 살게 될지도 모르는 위험에 대비하기 위하여 투자를 해야 한다."

곰곰히 생각해 보니 일리가 있는 말이었다. 80세 정도까지 살거라고 생각하고 있는 돈을 다 써버렸는데 100세까지 산다면 그것도 보통 난감한 일이 아닐 것이기 때문이다.

통계청 발표에 따르면, 2010년에 우리나라 평균수명은 남자 75.5세, 여자 82.2세, 남녀평균 78.8세가 된다고 한다. 특별한 사고나 병만 없으면 대부분 80세 이상 살 수 있는 시대가 된다는 것이다. 특히 여자가 남자보다 평균수명이 7세 가까이나 많기 때문에 부부간의 나이차를 평균 서너 살이라고 쳐도 여자들은 평균 10년 정도를 혼자 살아야 된다는 계산이 나온다.

문제는 오래 사는 시대가 되었을 때 누가 우리를 부양해 주느냐 하는 것이다. 2003년 6월 일본에 출장 갔을 때 일이다. 하루는 거의 모든 신문이 1면 박스기사로 지난해(2002년) 일본의 평균출산율이 1.32명이었다는 기사를 실었다(참고로 선진국의 평균은 1.6명이다). 계산상으로만 본다면 부부가 결혼하여 2명을 낳아야 인구가 그대로 유지되는데 1.32명이라면 머지않아 일본의 인구는 줄어들기 시작할 것이고, 다른 조치를 취하지 않는다면 일본은 노인들만 사는 나라가 될 것이라는 걱정을 하는 내용이었다.

지금 일본에서는 젊은 여성들이 애를 낳게 하기 위해 각종 출산장려 정책을 펴고 있다. 출산휴가, 출산수당도 파격적이다.

1980년대 초 일본에서 근무하면서 아이들을 보육원에 보낸 적이 있었는데, 당시에도 일본의 보육시설은 현재 우리나라의 보육시설과는 비교가 되지 않을 만큼 훌륭한 수준이었다. 그러니 지금은 훨씬 더 좋아졌을 것인데, 그래도 젊은 여성들은 애를 낳으려 하지 않는다.

일부에서는 '노인들은 수출하고 젊은이들은 수입해야 한다'
는 말이 나올 정도다. 실제로 노인들을 대상으로 필리핀, 인도
네시아와 같은 동남아시아의 경치 좋고 물가 싼 나라에 가서 사
는 게 어떻겠느냐고 희망자를 모집하는 비즈니스도 생겨났다고
한다. 또한 우리나라로 말하면 경제인연합회 회장쯤 되는 사람
이 일본은 이민을 적극적으로 받아들이지 않으면 안 된다고 주
장하고 있다. 말 그대로 노인들은 수출하고 젊은이는 수입하는
정책이라 할 수 있다. 그만큼 일본의 인구 고령화, 출산율 저하
는 심각한 사회문제가 되어 있다.

그런데 우리나라 사정도 크게 다르지 않다. 통계에 따르면, 우
리나라의 2003년 평균출산율은 놀랍게도 1.13명이었다고 한다.
1960년에 평균 6명이었던 출산율이 40년 조금 지나는 사이에
1.13명으로 줄어든 것이다. 아무리 한번 바뀌기 시작하면 화끈하
게 바뀌는 나라라고 하지만 보통 심각한 문제가 아닐 수 없다.

무언가 특단의 조치, 예를 들어 남북이 통일되고 북한의 소득
수준이 높아져 출산을 많이 하게 되거나 중국의 조선족 동포들
이 대거 귀국하는 일 등이 일어나지 않는 한 우리나라의 인구 고
령화, 출산율 저하는 일본 못지않게 심각한 사회문제로 대두될
것이다.

노후문제, **가볍게** 생각하지 마라

이 책을 읽으시는 분들 중에는 책 제목에 맞게 투자에 관련된 애기나 할 것이지, 고령화 사회 얘기는 왜 이렇게 길게 늘어놓느냐고 불만을 토로하는 사람도 있을 것이라 생각된다. 여기에는 그럴 만한 이유가 있다.

사실 나 자신도 몇 년 전까지는 투자와 관련된 외국서적을 읽으면서 앞부분에 고령화 사회니, 생애설계(Life Planning)니 하는 딱딱한 얘기가 길게 나오면 짜증을 내곤 했다. 바빠 죽겠는데 빨리 본론으로 들어가서 주가는 어떻게 예측하고, 돈을 벌 수 있는 종목은 어떻게 골라야 하는지에 대해서나 알려줄 것이지 왜 이렇게 지루한 얘기를 구구절절 늘어놓고 있는 것인가 생각했던 것이다. 그런데 지루함을 참고 계속 읽어가면서 깨닫게 된 게 있다.

투자에 성공하려면 명확한 투자목적과 그에 맞는 장기계획이 있어야 한다. 미국 투자자들에게 당신은 왜 투자를 하느냐고 물어보면 90% 이상이 노후에 대비한 재산형성을 위해서라고 대답한다.

특히 여성 투자자들에게 물어보면, 혼자 살아야 하는 10년에 대비하기 위해서 투자를 한다는 대답이 가장 많다. 여성이 남성보다 평균수명이 길고, 아내가 남편보다 몇 살 아래인 것이 보통이니 여성들은 남편과 사별한 후 10년 가량은 혼자 살아야 한다는 통계상의 결과를 미국 여성들은 현실적으로 인지하고 있는 것이다.

지금 우리나라 투자자들에게 왜 투자를 하느냐고 질문을 한다면 노후대비를 위해서라고 대답할 사람은 그리 많지 않을 것이다. 당장 돈을 버는 게 중요하지 20년, 30년 후까지 생각할 여유가 어디 있느냐고 반문할 것이다.

그러나 최근과 같은 추세로 저금리·고령화 사회가 진전된다면 투자자의 인식도 바뀌지 않을 수 없을 것이다. 다시 말하면 투자목적을 '노후대비'에 두고 장기계획을 세워서 투자해야 한다고 생각하는 투자자의 비중이 점점 늘어날 것이다. 단기적이고 충동적인 투자보다는 먼저 고령화 사회에 대해 제대로 이해하고 그에 맞는 생애설계와 자산운용을 해야 한다는 인식이 확산되어갈 것이다. 바로 이것이 고령화 사회의 심각성에 대해 길게 얘기할 수밖에 없는 이유다.

그러면 고령화의 속도에 대해서도 이야기해 보자.

1975년에 처음으로 일본 도쿄 증권거래소에 가서 연수를 받을 기회가 있었다. 하네다공항에 내려 도쿄 시내에 들어갔을 때 가장 먼저 느꼈던 것은, 일본의 길거리에는 왜 이렇게 노인들이 많을까 하는 것이었다. 당시 우리나라의 인구구성을 보면 14세 미만의 어린이가 전 인구의 40% 정도를 차지하고 있었다. 길거리에 가다보면 걸리는 게 아이들이었다는 얘기다.

그런데 일본의 인구구성은 전체 인구 중에서 65세 이상의 노인 비중이 1970년에 7%를 넘었고, 당시에는 8% 정도를 차지하고 있었다. 바로 지금의 우리나라 노인인구 비중과 비슷한 수준이었던 셈이다. 그런데도 서울 거리에서 아이들만 보는 데 익숙해 있던 내 눈에는 도쿄 거리의 노인들만 보였던 것이다. 어쩌면 어린이들이 많은 아프리카나 동남아시아에 사는 사람이 지금 서울에 온다면 30년 전에 내가 느꼈던 것처럼 한국에는 노인들이 참 많다는 생각을 하게 될지도 모르겠다.

유엔에서는 65세 이상의 인구를 고령(노령)인구로 보고, 전체 인구 중에서 고령인구가 차지하는 비중이 7%를 넘어서면 그 사회는 늙기 시작하는 사회라고 해서 고령화 사회라고 정의하고 있다.

우리나라는 2000년에 65세 이상의 고령인구 비율이 7%를 넘어서 고령화 사회에 들어섰다. 이 비율이 두 배인 14%가 되면 고령사회가 되고, 20%를 넘으면 초고령사회가 된다. 통계청의 예측에 따르면 2019년에 고령사회, 2026년에 초고령사회가 될 것이라고 한다. 고령화 사회에서 초고령사회까지 가는 데 26년밖에 걸리지 않는다는 말이다. 프랑스는 이 기간이 156년이고, 대부분의 서구 선진국에서는 80~90년 걸린다고 한다. 따라서 이런 나라들은 고령사회에 대해 천천히 준비를 해도 될 것이다. 일본의 경우에는 시급하게 고령사회에 대비를 하지 않으면 안 된다고 1980년대부터 온통 난리였다. 그런데 일본이 고령화 사회에서 고령사회로 가는 데는 24년 걸렸고, 초고령사회로 가는 데는 36년이 걸릴 것으로 예상되고 있다. 이를 보더라도 우리나라가 얼마나 빠르게 고령사회로 가고 있는지를 알 수 있다.

평균수명은 길어진데다가 노인을 부양해줄 젊은이들은 급격하게 줄어들고 있다. 노후에 의지하려 했던 국민연금마저도 특단의 조치가 있지 않으면 머지않아 바닥날 것이라는 전망까지 나오고 있다.

그렇다면 우리는 어떻게 노후에 대비해야 할까? 본인 스스로, 젊은 시절부터 계획성 있게 준비하지 않으면 안 된다는 결론에 이르게 된다.

고금리 시대,
어쩌면 다시 **오지 않을지** 모른다

고령화 사회에 대해 우울한 이야기를 길게 늘어놓은 이유는 현실을 이해하지 않고는 올바른 생애설계와 투자계획을 세울 수 없기 때문이다. 물론 90세까지 사는 시대가 되었다 하더라도 옛날처럼 금리만 높다면 젊었을 때 저축한 돈을 안전하게 은행에 넣어 놓고 이자를 받아 생활하면 문제가 없을 것이다.

IMF 금융위기 이후 제법 많은 퇴직금을 받고 명예퇴직을 한 사람들이 처음에는 그랬다. 처음 한두 해는 금리가 20% 안팎이던 시절이라 은행에 예금해 두거나 우량채권을 사두면 매월 받는 금리수입이 월급보다 훨씬 많았다. 정년도 되기 전에 회사를 떠난 것은 아쉽지만 그래도 이자수입이 있으니 노후를 편안하게 보낼 수 있으리라 생각했다. 그래서 골프도 치고 비싼 술집에 가서 마음껏 놀기도 했다.

그런데 1999년경부터 금리가 갑자기 4~5%(1년 만기 정기예금 금리) 수준으로 떨어지면서 문제가 생기기 시작했다. 3억 원을 정기예금에 넣어봤자 세금을 떼고 나면 한달 이자수입이 100만 원도 채 안 되는 것이다. 3억 원을 모으기도 힘든 마당에, 설령 모았다 하더라도 그 돈의 은행금리만으로는 도저히 생활을 할 수 없게 된 것이다.

어떤 사람은 최근 이렇게 낮아진 금리 수준은 오래 계속되지는 않을 것이라고 말하기도 한다. 이는 몇십 년 동안 두 자릿수 금리에 익숙해 있는 사람들의 말이다. 경기가 회복되고 설비투자가 늘어서 금리가 2~3% 오르는 일은 있을 수도 있다. 하지만 우리 경제가 망하는 길로 가지 않는 한, 10%대의 예금금리 시대는 다시 오기 어려울 것이다. 경제수준이 우리와 비슷한 대만의 1년 만기 정기예금 금리는 1%대이고, 일본은 0.1%도 안 된다.

지난 설연휴 때 일본에서 만난 한 친구는 1980년대의 고금리 시대가 그립다고 했다. 그리운 그 시절의 금리는 어느 수준이었느냐고 물었더니 1년 만기 정기예금 금리가 2.9%였다고 했다. 이런 국제 현실을 놓고 볼 때 현재 우리나라 금리는 국제수준에 비해 결코 낮지 않다. 따라서 우리나라의 은행금리가 현재 수준에서 올라가기보다는 내려갈 가능성이 더 크다는 생각으로 생애설계와 자산운용 계획을 세우지 않으면 안 된다.

그렇다면 이 같은 저금리·고령화 시대에는 어떻게 노후대책을 세워야 할까? 우선은 가능한 한 늦은 나이까지 일을 하는 방법과, 안전한 저축상품보다는 위험하더라도 투자상품에 자산을 운용하여 자산을 형성하는 방법밖에 없다. 금리가 낮아졌다는 것은 우리의 몸값, 다시 말하면 근로소득의 가치가 그만큼 커졌다는 것을 의미한다. 또한 연금과 같이 정기적으로 일정 금액을 받을 수 있는 권리가 그만큼 소중해졌다는 것을 의미한다.

최근 투자교육을 하면서 초·중·고등학교 교사들을 만나보면 자신들이 저금리·고령화 시대의 수혜자라고 생각하는 사람들이 많은 것 같다. 다른 직업보다 비교적 오래 일을 할 수 있고 퇴직한 뒤에는 교원연금도 받을 수 있기 때문이다.

그러나 그런 직업이 얼마나 있겠는가. 가끔 이미 퇴직을 한 사람들 앞에서 오래 일을 해야 한다는 이야기를 하면, "이 친구야 일거리만 줘봐. 누가 일을 안 하나?"라고 반문하는 이들이 많다.

'사오정'과 '오륙도'가 회자되는 이 시대에 누구 약 올릴 일 있나 하는 표정도 짓는다. 물론 요즘 같은 시대에 늦은 나이까지 일하기는 쉽지 않다. 그렇기 때문에 더더욱 젊을 때부터 준비가 필요하다. 무엇보다 마음의 준비가 우선이다.

4 노후에 무기가 되어줄
나만의 주특기를 키워라

일본의 저명한 경제평론가이자 경제기획청 장관까지 지낸 사카이야 다이이치 씨가 쓴 《고령화 대호기(高齡化 大好機)》라는 책이 있다. 지금과 같은 고령화 시대에 매력 있는 노인으로 살기 위해서는 어떤 준비가 필요한가에 대해 쓴 책인데, 그 내용 중에 "인류의 역사를 보면 유아사망을 제외한 건강수명의 6할 정도를 일해 왔다"는 말이 나온다.

그 말대로라면 80세까지만 산다고 가정해도 48년은 일해야 한다는 결론이 떨어진다. 대학을 졸업하는 나이부터 계산해도 70세까지는 일을 해야 한다는 결론이 되는 것이다. 요즘 같은 시기에 70세까지 일을 해야 한다니 과연 가능할 수 있을지 막막하다. 그러나 한편으로 생각해 보면 지금과 같은 고령화 시대에는 꼭 경제적인 이유 때문이 아니라도 건강을 위해서라거나 보람있는 인생을 살기 위해서라도 무언가 일은 해야 하지 않을까 생각된다.

미국에서는 정년 후에 의료, 복지, 교육 분야에서 NPO(Non Profit Organization) 활동을 하는 사람이 많다고 한다. 일본에서도 1998년에 NPO법(특정 비영리활동 촉진법)이 제정되면서 많은 NPO단체들이 설립되고 있고, 각 업계의 OB들이 자원봉사 활동에 참여하고 있다. 물론 어느 정도 경제적으로 안정된 사람들에게 해당되는 이야기지만, 우리나라에서도 점차 이런 움직임이 나타날 것으로 생각된다. 벌이를 위해 일을 하든 NPO활동을 하든 젊은 시절부터 준비를 해놓지 않으면 불가능할 것이다. 특히 중요한 것은 체면에서 벗어날 수 있는 마음의 준비를 하는 것이다.

개인적인 경험이지만, 1975년 신입사원 시절에 일본 도쿄의 증권거래소에 파견되어 업무연수를 받은 일이 있었다. 연수 스케줄 중에 증권거래소 지하에 있는 증권보관창고를 견학하는 코스가 있었다. 창고 안에 들어가서 나는 깜짝 놀랐다. 70세 정도는 되었을 것 같은 할아버지들 수십 명이 둘러앉아서 증권을 세고 있는 것이다. 젊었을 때는 다들 한 자리씩 했던 분들이라는데, 당시 시간당 500엔밖에 안 되는 아르바이트 수당을 받으며 일한다는 것이었다.

뿐만 아니라 내가 머물던 숙소가 비즈니스호텔이었는데 프런

트 데스크 근무자가 오후 5시까지는 젊은 아가씨들이었다가 5시를 넘어서면 나이든 할아버지들이 교대를 하였다.

30년 전에 그 광경을 목격한 것이 그 후의 내 인생에 얼마나 도움이 되고 있는지 모른다. '나이가 들면 화려하고 권위 있는 일은 젊은이들에게 양보하고, 어떻게 보면 시시한 일이라고 여겨질지도 모르는 저런 일들을 해야 하는구나' 그런 생각을 했던 것이다. 앞으로 무슨 일을 하든 30년 전의 그 경험은 체면의 굴레에서 벗어나는 데 큰 도움을 주리라고 생각한다.

우리나라는 나이든 사람이 일을 하기가 참으로 어려운 사회 분위기이다. 주위에서 보면 어떤 일을 하고 싶은데 자기 부인이 창피하게 생각할까봐 못하겠다는 남성들이 의외로 많다. 요즘 해외로 이민을 떠나는 사람들도 이민 가서 하겠다는 일 얘기를 들어보면 우리나라에서도 할 수 있는 일인 경우가 많다.

그런데도 굳이 왜 이민을 가려고 할까? 아마도 그곳에서는 눈치를 봐야 할 아는 사람이 없기 때문이 아닐까. 바로 체면을 차릴 필요가 없는 것이다.

또 하나 중요한 것은 자기만의 주특기를 갖는 것이다. 가끔 재취업을 알선해야 할 기회가 있어서 거들다 보면, "그 사람 주특기가 뭐예요?"라는 질문을 자주 받는다. 그런데 일류학교를 나와 능력 있는 사원이더라도 이 부서, 저 부서 거치다 보면 마땅히 내세울 만한 주특기를 갖지 못하는 사람이 많다.

회사측에서는 '인사부에서 노조담당 10년 이상 경험한 사람'

을 구해 달라는 식으로 나온다. 따라서 본인 스스로 젊은 시절부터 어느어느 분야에서는 누구누구가 가장 전문가라는 말을 들을 수 있도록 노력하지 않으면 안 된다.

30년 전 내가 다니던 회사에 환갑이 넘은 교환원 아주머니가 있었다. 당시에 여자 직원들은 결혼과 동시에 회사를 그만둬야 했는데, 이 분은 회사에서 붙잡아서 65세까지 근무를 했다.

그 이유는 간단했다. 목소리가 예쁘고 상냥한데다 기억력이 비상하게 좋았기 때문이다. 어찌나 싹싹하게 전화를 받는지, 한 친구는 그 목소리에 반해서 나에게 그 아가씨(?)를 소개해 달라고 한 적도 있었다. 물론 환갑이 넘은 분이라고 했더니 질겁을 하긴 했지만.

이 분은 전화를 걸어 누구를 바꿔달라고 하면 그 사람이 자리에 없더라도 곧바로 없다고 말하지 않는다. 그 사람이 갈 만한 부서 몇 곳에 연락을 해보고 그래도 없을 경우에만 자리에 없다고 한다. 내가 아는 어떤 사람은 자기 친구가 우리 회사에 근무했던 관계로 이 교환원을 통해 친구와 전화를 하곤 했다. 그 친구가 회사를 그만두면서 전화를 할 일이 없어졌는데, 이번에는 자기 동생이 이 회사에 취직을 하게 되어 몇 년 만에 전화를 하게 되었다고 한다. 그런데 놀랍게도 이 교환원이 자기 목소리를 알아듣고 "○○○시죠?" 하더라는 것이다. 귀신을 만난 기분이었다고 한다.

또 다른 사례도 있다. 여의도 어느 공공기관에 근무하는 수위한 분은 그 기관의 대리급 이상 직원 몇백 명의 이름과 소속부서, 출신학교 등을 줄줄 외우고 있다고 해서 화제가 된 일이 있다. 고도의 지식이나 특기를 가진 사람만이 전문가가 되는 게 아니라는 것을 나타내는 사례이다.

주5일 근무제가 시작되면서 젊은 회사원들이 두 가지 부류로 나뉘는 것 같다. 토요일을 놀러가는 데만 쓰거나 특별한 계획 없이 무의미하게 보내는 부류와, 스터디 그룹을 조직하는 등의 방법으로 네트워크를 만들어 자신의 자질 향상을 위해 노력하는 부류다. 젊은 시절에 자신이 어느 부류에 속해 있었느냐에 따라 정년 후의 인생이 결정된다고 한다면 지나친 비약일까?

제 2 장

황금 노후생활,
저축만으로는 어렵다

현실적인 노후설계를 꾸려라

지금과 같은 고령화 시대에는 세 가지 측면에서 노후대비를 하지 않으면 안 된다. 첫째는 건강, 둘째는 인생의 보람, 셋째는 경제적 기반의 마련이다. 건강에 대해서는 의사의 조언을 받아야 할 것이고, 인생의 보람에 대해서는 앞에서 언급했기 때문에 이제부터는 경제적 기반 마련에 대해 이야기하고자 한다.

몇 년 전 일본의 증권관련 단체가 미국과 일본의 투자자들을 대상으로 설문조사를 한 일이 있다.

"당신은 왜 투자를 하십니까?"라는 질문에 대하여 20개의 답변항목을 열거하고 그 중에서 두 가지만 고르라는 식이었다. 미국 투자자들의 답변 중에 가장 압도적이었던 것은 '노후대비'(92%)였고, 다음이 '자녀학자금 마련'(43%)이었다. 특히 여성 투자자들의 대부분은 '남편 없이 혼자 살아야 하는 기간(대략 10여 년)에 대비하기 위해서' 라고 대답하였다. 미국의 투자자들에게 는 지금과 같은 고령화 시대에 너무 오래 살지 모를 위험에 대비하여 경제적 기반을 마련하는 것' 이 투자를 하는 가장 큰 목적인 셈이다.

반면에 일본의 투자자들은 34%가 '노후대비'를 위해 투자한다고 대답했으며, 그에 못지않게 많은 비중(33%)을 차지한 것이 '목돈이 생겼으니까', '여유자금을 늘려보려고' 식의 막연한 대답이었다. 일본의 증권관련 단체가 많은 돈을 들여서 이런 조사를 한 이유는 '일본의 투자자들은 무목적, 충동투자를 하기 때문에 실패를 한다' 는 사실을 확인하여 투자자들을 계몽하기 위해서였다고 한다.

일본인들이 노후의 생활설계와 투자를 심각하게 연관시켜 생각하지 않고 있다는 사실은 금융홍보중앙위원회의 조사 결과(2003년)에도 나타나고 있다. 즉 60세 이상의 노인세대를 대상으로 "노후생활자금을 어떻게 마련하려고 하는가"에 대한 설문조사 결과를 보면 공적연금 43%, 근로·사업소득 23%, 기업·개인 연금 및 보험금 11%, 저축자금 인출 11%, 부동산 수입 4%, 자녀·친척 등의 도움 4%, 이자·배당소득 1% 등으로 나타났다. 대부분이 연금수입에 기대를 하고 있고 모자라는 생활비는 노후에도 일을 하여 보충하겠다고 대답한 것이다.

그런데 문제는 일본인들이 노후생활 자금원으로 기대하고 있는 공적·사적 연금이 파탄에 직면해 있다는 사실이다. 현재의 노인세대라면 모르지만 젊은 세대들까지 과연 연금 혜택을 받을 수 있을지는 매우 불투명한 상황이다. 따라서 앞으로는 노후대비를 투자목적으로 하는 장기투자자들이 늘어날 수밖에 없다.

그렇다면 우리나라의 노인세대들은 어떻게 노후설계를 하고 있을까? 2002년 사회통계조사보고서에 따르면 자녀·친척의 도움(40.1%), 근로·사업 소득(38.6%), 재산소득(10.7%), 연금(6.5%) 순으로 나타났다. 연금을 기대하는 세대의 비율은 그다지 높지 않은 반면, 자녀·친척의 도움을 기대하거나 노후에도 일하겠다는 세대의 비율이 80% 가까이나 되는 것이다.

일본인들이 연금수입에 지나치게 기대하고 있는 것이 문제인 것처럼, 우리나라의 경우에는 아직도 막연하게 자녀·친척의 도움을 기대하고 있는 세대비율이 높다는 게 문제이다. 우리나라나 일본이나 개개인이 보다 현실성 있는 노후설계를 하고 이에 맞는 자산운용계획을 세우지 않으면 안 되는 시대라는 것을 깨달아야 할 것이다.

내 인생에 맞는 자산운용 플랜을 짜라

자산운용을 하는 방법에는 여러 가지가 있다. 이는 '누구에게나 공통되는 유일한 방법'이란 있을 수 없다는 말도 된다. 자신이 처해 있는 현재의 상황과 앞으로 자신이 어떤 인생을 보내려는 가 하는 라이프스타일에 따라 자산운용 플랜도 달라지게 되는 것이다.

예를 들어 비슷한 수준의 자산을 갖고 있다 하더라도, '선조 대대로 물려받은 자산이므로 조금이라도 더 많이 자손에게 물려주어야 한다'고 생각하는 사람과, '무덤에까지 갖고 갈 수도 없는 돈인데 건강할 때 부부가 같이 여행이나 취미생활을 하면서 인생을 즐기고 싶은' 사람과는 운용 플랜이 전혀 다르게 나타날 것이다.

따라서 자산운용을 하고자 할 때 무엇보다 우선시되는 것은, 좀 거창한 표현을 쓴다면 '자기 인생의 목적을 명확히 하는 것' 이다. 목적이 정해져야 이를 실현하기 위한 자산운용 플랜을 짤 수 있는 것이다.

'어찌 됐든 돈만 벌면 된다' 는 생각을 하게 된다면 돈 그 자체가 목적이 되어버릴 수도 있다. 돈이란 게 대단히 중요한 것이기는 하지만 그것은 어디까지나 풍요롭고 보람 있는 인생을 살기 위한 수단이어야 한다. 그러니 중년 이후 정년을 의식해야 할 나이가 될 때쯤부터는 그 이후의 인생에 대하여 가족, 특히 배우자와 진지하게 의논할 필요가 있다.

이런 과정을 거쳐 인생과 자산운용의 목적이 결정되면 현재의 금융자산과 적립 가능한 금액에서 어느 정도의 기간, 어느 정도의 수익률로 운용을 해야 자신의 목표를 달성할 수 있는지를 알수 있게 된다.

그 다음에 할 일은 보유자산을 용도에 따라 예비자금, 사용예정자금, 여유자금으로 나누어 우선순위를 정한 뒤 자신의 목적에 맞게 운용을 하는 것이다.

예비자금은 긴급할 때 쓸 자금이다. 금액은 생활비 3개월분 정도를 기준으로 삼으면 된다. 이 자금은 유동성을 중시하여 MMF, 단기채권형 펀드 등에 운용하는 것이 좋다.

사용예정자금은 생활비를 비롯하여 주택, 자동차 구입비용, 결혼자금, 정년 후에 쓸 자금 등 가까운 장래에 써야 할 용도가 확실히 정해진 자금이다. 이 자금은 안전성을 중시한 운용이 바람직하다. 주어진 운용 예정기간에 맞는 상품 중에서 수익률이 가장 높은 상품을 고르는 게 좋다. 신용등급이 높은 채권 또는 채권형 펀드가 적당하다.

여유자금은 예비자금과 사용예정자금을 빼고 남는 자금을 말한다. 풍요롭고 보람 있는 인생을 보내기 위한 자금이라고도 할 수 있다. 이 자금은 장기운용이 가능하기 때문에 주식이나 주식형 펀드 등 다소 리스크가 따르더라도 수익성 높은 상품에 운용하는 것도 좋다. 다만 자신에게 허용된 리스크 정도에 따라 안정성과 수익성의 균형을 맞출 필요는 있다.

가장 큰 **투자엔진**은 당신의 **직업**임을 잊지 마라

인생을 살아가면서 가장 효율성 있게 재산을 늘일 수 있는 방법은 무엇일까?

누구나 한번씩은 생각해 봤음직한 질문이다. 주식을 사고파는 것, 투자신탁, 선물·옵션, 대부분의 경우에는 이들 투자상품을 떠올린다.

그런데 과연 그럴까? 그렇지 않다. 개인투자자에게 가장 유력한 수입원은 자신이 하고 있는 일에서 벌어들이는 수입(월급 또는 사업소득)이다. 즉 한 사람의 인생에서 가장 큰 투자엔진은 자신의 본업으로부터 얻는 수입이라는 말이다.

개인투자자는 투자 포트폴리오를 짤 때 자신의 본업에서 얻는 수입을 가장 중심에 놓고 생각하지 않으면 안 된다. 냉정하게 샐러리맨의 경우를 생각해 보면 근무하는 직장으로 부터 매월 일정액씩의 급여를 받는다. 다시 말하면 샐러리맨이 회사에서 하고 있는 일은 그만큼의 수입을 발생시키는 금융자산이라고 할 수 있는 것이다.

따라서 포트폴리오에서 얻는 수입(Return)을 가장 크게 하기 위해서는 자기가 맡은 일에서 성공을 거두는 것이 무엇보다도 중요하다. 자신의 직업으로부터 얻는 소득을 높이려는 노력을 게을리하면서 주식투자에 열중하는 방식으로는 결코 성공할 수 없다는 말이다.

개인투자자에게 있어 자산운용은 어디까지나 부업에 지나지 않는다. 부업에 지나치게 많은 시간을 쏟아부어서는 안 된다. 본업보다 주식투자에 지나치게 몰두한다는 것은 가장 수익성이 높은 자산을 썩히는 결과를 초래할 수 있다.

개인투자자들은 스스로에게 질문해볼 필요가 있다.

"나는 지금 내가 다니고 있는 회사를 그만두더라도 곧바로 같은 직업을 찾아 현재 수준 못지 않은 월급을 받을 수 있는가?"

이 질문에 대해 자신있게 "그렇다"라고 대답할 수 있는 사람이라면 그 사람은 성공하는 개인투자자가 될 수 있는 충분한 자질을 갖고 있다고 할 수 있다.

그러나 만약 "자신이 없다" 또는 "잘 모르겠다"라고밖에 대답할 수 없거나, "언제 직장에서 해고될지 모르기 때문에 자산운용을 해서 재산을 늘려 놓아야 한다"고 생각하는 사람이라면 그 사람은 투자에서 성공할 확률보다 실패할 확률이 훨씬 높다. 그런 사람은 자신(인적자본)에 대한 투자를 열심히 해서 자기 일에서 일류가 되겠다는 노력을 하지 않으면 안 된다. 만약 현재 맡은 일이 적성에 맞지 않거나 자신있는 일이 아니라면 회사에 부탁하여 업무를 바꾸든지, 아니면 전직까지도 심각하게 생각해 볼 일이다.

자신의 능력을 키워서 보다 많은 연봉을 받을 수 있도록 끊임없이 자신에게 투자하는 것, 바로 그것이 개인투자자에게는 투자의 왕도이다. 개인투자자의 가장 큰 재산은 "나는 현재 하고 있는 일에서 얻는 수입으로 충분히 생활해 나갈 수 있다"는 자신감이라는 점을 명심해야 할 것이다.

가계의 **대차대조표**를 만들어라 4

자산운용을 시작하기 전에 해야 할 또 하나의 일은 현재의 자산 상태를 파악하는 일이다. 기업의 자산 상태를 나타내는 대차대조표의 형식을 빌어서 '각 가정의 대차대조표'를 만들어 보자.

대차대조표의 좌측에는 자산(재산)을, 우측에는 그 자산을 취득하기 위해 어떻게 자금을 조달했는가를 표시한다. 좌측의 자산을 보유하기 위해 우측에는 은행 차입금 등의 부채는 얼마이고, 자기가 보유하고 있는 재산 중 차입금을 모두 갚고도 남는 금액은 어느 정도인가(자기자본)를 일목요연하게 나타내는 것이다.

가계의 자산은 실물자산과 금융자산으로 나누어진다. 실물자산에는 주택, 토지, 골프회원권, 가재도구, 보석, 자동차 등이 있고, 금융자산에는 현금, 예금, 생명보험, 연금, 주식, 채권, 투자신탁과 같은 유가증권 등이 있다.

대차대조표를 볼 때 주의해야 할 것은 부채는 갚지 않는 한 금액이 줄지 않지만, 자산의 경우에는 가격이 하락하면 그냥 놓아두어도 가치가 줄어들 수 있다는 것이다. 심한 경우에는 자산가치가 감소하여 부채가 자산을 웃도는 채무초과 상태에 빠질 수도 있다. 경제 버블기에 취득한 부동산이나 주식 등의 자산가치가 크게 줄어 채무초과에 빠지는 것이 그 전형적인 사례다.

채무초과까지는 아니라 해도 자산에서 차지하는 부채비율이 너무 크면 금리부담과 원금상환으로 가계가 압박을 받을 수 있다. 따라서 특정자산에 지나치게 편중되어 있거나 환금성이 낮은 자산의 비율이 너무 높은 자산구성은 피해야 한다.

각종 자료를 참고해 추정해본 바에 따르면, 우리나라의 1세대당 평균 자산규모는 2억 2,000만 원 정도이며, 세대당 평균 부채액은 3,000만 원 정도, 자기자본이 1억 9,000만 원 정도인 것으로 나타났다. 자산의 내역을 보면 금융자산이 7,000만 원 정도, 실물자산(대부분이 부동산)이 1억 5,000만 원 정도를 차지했다.

한국 가정의 추정 대차대조표

자 산			부채와 자본	
자산 금융자산	7,000만 원	**부채**		3,000만 원
실물자산	1억 5,000만 원			
(부동산 : 1억 3,000만 원)				
(기타 실물자산 : 2,000만 원)		**자기자본**		1억 9,000만 원
합계 2억 2,000만 원			합계 2억 2,000만 원	

● 이 자료는 필자가 추정해본 것임

부동산 투자는
이제 그만!

5

평균적으로 볼 때 우리나라의 가계가 부동산에 편중된 자산구조를 갖고 있는데도 불구하고 부동산 선호도는 아직도 여전한 것 같다.

최근에 서울 근교에서 토지대금 보상을 받은 사람들에게 금융상품에도 관심을 가져보라는 내용의 강의를 한 일이 있었다. 그런데 부동산으로 부자가 된 사람들은 역시 투자대상으로 부동산만한 것이 없다고 생각하고 있었다. 부동산을 보유하고 있지 않더라도 과거에 주식이나 투자신탁펀드 등에 투자했다가 손해 본 경험이 있는 사람들 또한 그런 생각을 갖고 있는 경우가 많은 것 같다.

물론 부동산이 재산형성의 유력한 수단임을 부정할 수는 없다. 최근 베스트셀러가 되고 있는 부자들의 책을 읽어보아도 우리나라 부자들의 대부분은 부동산투자로 성공한 사람들인 것으로 나타나고 있다.

세계 주요 도시의 주택가격 상승률을 비교한 자료에 의하면, 1995년에서 2002년 사이에 서울의 주택가격 상승률은 34%로 세계 14개 도시 중 12위였다. 가장 높은 상승률을 보인 곳은 아일랜드의 수도 더블린(상승률 273%)이었고, 이어서 런던(182%), 스톡홀름(115%), 암스테르담(102%) 순이었다. 뉴욕은 상승률 75%로 7위, 도쿄는 32% 하락하여 최하위였다.

2003년 강남의 아파트값 상승이 커다란 사회문제가 되기는 했지만, 1990년대 중반 이후 저금리 시대의 영향으로 세계 주요 도시의 부동산값이 다같이 상승한 것이지 서울의 부동산만 유난히 상승한 게 아니라는 말이다. 또한 '재산형성은 부동산으로 해야 한다' 는 생각을 우리나라 사람들만 갖고 있는 것도 아니다. 일본은 이런 현상이 우리보다 더 심했고 미국이나 영국에서도 부동산투자로 돈을 번 사례가 많다. 다만, 우리나라의 경우에는 지나친 '부동산 신화' 또는 '부동산에 대한 집착' 이 문제라고 할 수 있다. 부동산 가격은 주가처럼 폭락하지 않는 가장 안전한 투자대상이라는 믿음이 신앙처럼 자리잡고 있다. 그러나 선진국의 사례는 이 부동산 신화가 얼마든지 붕괴할 수 있음을 보여준다.

1. 더블린 273%	2. 런던 182%	3. 스톡홀름 115%
4. 암스테르담 102%	5. 시드니 101%	6. 마드리드101%
7. 뉴욕 75%	8. 브뤼셀 50%	9. 밀라노 40%
10. 토론토 38%	11. 파리 37%	12. 서울 34%
13. 프랑크푸르트 9%	14. 도쿄 −32%	

● 출처 : 한국건설산업연구원

그 첫 번째 사례는 18세기 후반 영국에서 있었던 땅값 폭락 사태다. 당시 많은 영국인들은 땅은 수입할 수 있는 물건이 아니기 때문에 시간의 문제일 뿐 언젠가는 오를 수밖에 없다는 생각을 갖고 있었다. 그러나 상승에 상승을 거듭하던 땅값은 유럽대륙으로부터 밀 수입이 자유화되는 것을 계기로 폭락을 하게 되었다. 밀을 수입한다는 것은 땅을 수입하는 것과 똑같은 효과를 나타냈기 때문이다.

두 번째는 1970년대의 미국과 1980년대의 일본에서 있었던 임대아파트 투자 실패 사례다. 1970년대에 미국 대도시의 근로자들은 열심히 일해서 모은 돈으로 임대아파트를 한 채, 두 채씩 구입하는 게 꿈이었다. 여기에서 받는 임대수입으로 노후를 편안하게 보낼 수 있다는 생각에서였다.

그러나 10년, 20년이 지나 임대료 수입으로 생활을 하려고 보니 상황이 바뀌었다. 도시는 점차 슬럼화되고 아파트 가격은 큰 폭으로 떨어졌다. 그러자 어느 정도 재산이 있는 사람들은 교외의 단독주택을 사서 밖으로 나갔다. 남은 것은 노후화된 아파트들과 이것을 투자자산으로 생각하고 지켜온 노인 투자자들뿐이었다.

1980년대 후반 일본에서도 비슷한 사례가 나타났다. 당시의 많은 일본인들은 앞다퉈 아파트와 상가에 투자했다. 뿌리깊은 부동산 신앙이 경쟁을 부채질했던 것이다.

그러나 그 결과는 비참했다. 현재 도쿄 시내의 아파트 가격은 과거 최고가격의 절반값 이하로 떨어져 있다. 지방도시는 이보다 훨씬 더 심하다. 그런데도 가격이 상승할 가능성은 그다지 높지 않다. 우선 1세대당 자녀수가 계속 줄기 때문이다. 일본의 경우 2002년의 평균출산율은 1.32명까지 내려갔다. 장래 이들 세대가 결혼을 할 경우, 양쪽 부모 모두가 집을 보유하고 있다면 두 쌍 중 한 쌍이 집을 두 채 이상 상속받는다는 계산이 나온다. 그만큼 주택에 대한 수요가 높지 않다는 뜻이다. 비슷한 사례는 이외에도 많다.

이상과 같은 선진국의 사례가 우리나라에는 적용될 수 없다고 단언할 수 있을까? 우선 북한을 비롯하여 중국의 광활한 땅은 방법에 따라서 얼마든지 수입의 대상이 될 수 있다. 우리나라의 평균출산율 또한 일본보다 더 빠른 속도로 낮아져서 2003년에는 1.13명을 기록했다. 이들이 결혼할 때는 외동아들과 외동딸이 결혼을 하게 된다. 신랑, 신부 모두가 부모로부터 집을 물려받게 되는 것이다. 이는 땅이나 주택 수요가 크게 늘어날 수 없음을 객관적으로 나타내는 것이다.

따라서 부동산을 구입할 경우에는 어떤 목적으로 구입하는지를 냉정하게 생각해 보지 않으면 안 된다. 그곳에 살기 위한 목적이 아니고 자산운용을 목적으로 구입하는 것이라면 최종적으로는 매각이익을 얻거나 매월 또는 매년마다 일정액 이상의 임대수입을 얻을 수 있는 물건인가를 냉정하게 따져 보아야 한다. 또한 쉽게 유동화시킬 수 있는 물건인가도 고려해야 한다.

선진국의 경우 개인이 부동산투자 비중을 줄이는 대신 금융자산의 비중을 늘리고, 부동산인 경우에도 부동산투자신탁(REITs)과 같이 금융상품화된 간접투자 방법을 선호하는 것 모두가 이런 이유 때문이다.

2004년 6월 한국은행에서 〈우리나라 가계의 금융자산 선택 결정 요인〉이라는 자료를 발표했다. 이 자료에 따르면 우리나라의 가계자산은 부동산과 금융자산의 비중이 평균 83 : 17로 구성되어 있다고 한다. 부동산이 금융자산의 5배 정도 된다는 것이다. 단, 조사대상이 대부분 중산층이기 때문에 우리나라의 평균이라고 볼 수는 없다는 게 한국은행 관계자의 설명이었다.

한 · 미 · 일 가계의 부동산과 금융자산 비율

	부동산	금융자산
한국(2001)	83	17
미국(2002)	30	70
일본(1999)	74	26

● 한국은행 자료 등을 이용한 필자의 추정임.

　그런데 내가 다른 곳에서 본 자료에 따르면, 미국 가계의 경우에는 부동산과 금융자산의 비중이 30 : 70, 일본은 3 : 1 정도로 나타나 있다. 이로써 우리나라의 가계가 얼마나 부동산에 편중된 자산구조를 갖고 있는지를 알 수 있다. 따라서 위험관리의 측면에서도 금융자산의 비중을 높이지 않으면 안 되는 상황이다.

6

빛을 내서라도 **내 집을 꼭** 마련해야 할까

지금으로부터 이십여 년 전 당시에 일본에서 근무를 하던 나는 아파트를 월세로 빌려 살고 있었다. 그때까지만 해도 은행 송금이 그다지 보편화되어 있지 않아서 나이 많은 일본인 집주인은 매월 한 번씩 들러 집세를 받아가곤 했다. 그런데 올 때마다 집주인은 과자를 한 봉지씩 사들고 와서 무릎을 꿇고 집세를 받아갔다.

서울에서 셋방살이 하는 사람들로부터 집주인의 횡포(?)나 거드름 때문에 못살겠다는 말을 너무나 많이 들어온 나로서는 그 일본인 집주인의 행동에 놀라지 않을 수 없었다. '집주인이 저런 식으로만 대해 준다면 꼭 내 집을 가지려고 안달할 필요가 없지 않을까?' 하는 생각이 들 정도였다.

당시 일본의 젊은 세대들 역시 자기 돈이 일억 원 정도 있다면 그 돈에 은행차입금을 합쳐서 자기 집을 마련할 것인가, 아니면 임대주택에 살면서 그 돈을 다른 데 투자하여 운용할 것인가를 꼼꼼히 분석해 보고 합리적인 결정을 내리고 있었다.

그러나 우리의 경우는 어떤가? 지금 이 시점에서도 그 정도의 자기자금이 있다면 대부분의 사람들은 크게 망설이지 않고, 모자라는 자금은 은행차입을 해서라도 내 집을 장만하려고 할 것이다. 내 집 마련에 대한 집착 또는 신앙 때문이다. 아마도 선진국에서는 그 예를 찾아보기 힘든 현상이 아닐까 생각이 된다.

물론 지금까지의 경험으로 보면 무리를 해서라도 내 집을 마련하는 것이 경제적으로 유리했다. 주택 가격 상승율이 어떤 투자대상보다도 높았기 때문이다. 그렇지만 지금까지의 경험이 앞으로도 그대로 적용된다고 볼 수 있을까?

주택 보급율은 이미 100%를 넘어섰다. 많은 건설업체들이 임대주택 건설을 앞으로의 핵심 비즈니스로 생각하고 있다. 따라서 질 좋은 임대주택은 계속 공급될 예정이다.

인구증가율을 보아도 장기 주택수요가 크게 늘어날 것으로는 보여지지 않는다.

지금까지 높은 가격상승율 때문에 크게 신경쓰지 않았던 주택 보유 리스크도 생각하지 않으면 안 된다. 세월이 지남에 따라 주택은 낡아진다. 주위의 환경도 어떻게 변할지 모른다. 자산 가치 하락의 리스크를 말함이다. 여기에 은행차입금의 금리 리스크, 직장을 잃게 되었을 때 나타날지 모르는 차입금 상환 리스크 등도 생각하지 않으면 안 된다. 자가 주택은 대부분의 경우 안전성, 수익성, 유동성 면에서 임대주택보다 불리하다는 의견이 많다.

따라서 상당 부분을 차입에 의존하여 내 집 마련을 하려 할 경우에는 내집마련자금, 차입상환금, 유지비용 등을 운용에 돌려서 얻을 수 있는 수익이 얼마나 되는지, 그 수익을 희생하고서라도 무리하게 내 집 마련을 해야 하는 것인지를 꼼꼼하게 따져보아야 할 것이다.

7 ———————— **외국계** 자산운용사가
왜 계속 **늘어날까**

한국은행 통계에 따르면 2003년 말 현재 우리나라 각 가정에서 보유하고 있는 금융자산의 총규모는 1,031조 원이라고 한다. '금융'이란 돈의 융통이라는 뜻이고, 금융자산·금융상품이라고 하면 돈을 융통하는 수단이라는 뜻이다. 현금, 은행예금, 주식(출자금), 채권, 투자신탁 수익증권(펀드), 보험증서, 연금증서 등이 대표적인 금융자산이다. 각 가정에서 보유하고 있는 이런 금융자산을 모두 합한 것이 1,031조 원이라는 것이다.

그렇다면 1,031조 원 규모의 우리나라 가계금융자산을 국제적으로 비교한다면 어느 정도 수준일까? 참고로 세계에서 가계금융자산이 가장 많은 나라는 미국으로, 2003년 말 현재 34조 달러(약 4경 원) 규모다. 다음이 일본인데 1,410조 엔(약 1경 5,000

조 원) 규모다. 이들 나라와 비교하면 우리나라의 가계금융자산 규모는 너무나 빈약하다는 생각이 들지도 모르겠다. 하지만 꼭 그렇지만은 않다. 세계에서 3위가 영국(약 5,100조 원), 4위가 독일(약 4,600조 원) 순이며, 우리나라는 환율에 따라 순위가 바뀌지만 10~15위권 안에 들어가는 규모다.

최근 몇 년 사이에 외국의 보험사, 자산운용회사(투자신탁, 투자자문 등)의 국내 진출이 크게 늘고 있다. 그 이유는 무엇일까? 아마도 이들 회사들은 세계적으로 볼 때 결코 만만치 않은 규모라고 할 수 있는 우리나라의 가계금융자산을 보고 들어오는 것일 게다. 각 가정에서 피땀 흘려 모은 금융자산을 우리나라의 금융기관(은행, 증권, 투신 등)들은 보호해 주고 키워주기보다는 훼손시켜온 경우가 더 많았다. 따라서 이들 회사들은 한국에 진출하면 만만치 않은 규모의 한국 가계금융자산을 자기네들의 비즈니스 대상으로 만들기가 쉬울 거라고 생각하는 것 같다.

사실 지금까지 아시아 여러 나라들 중에서 그 나라의 거주자들이, 그 나라의 통화로, 그 나라의 금융기관을 경유해서, 그 나라의 기업에 주로 투자하고 있는 나라는 우리나라와 일본 정도였다. 우리와 비슷한 경제수준인 대만의 경우에도 투신운용사 랭킹 1위에서 10위까지를 모두 외국계가 차지하고 있고, 동남아의 부자들은 대부분 외국 금융기관을 이용하여 자산운용을 하고 있다.

그렇다면 우리나라나 일본의 경우는 왜 이들 나라와 다를까?

그 이유로는 우리나라가 내셔널리즘이 강하다는 점, 자기네 나라와 자기네 기업들에 대해 어느 정도의 믿음을 갖고 있었다는 점 등을 들 수 있다. 그리고 또 하나 큰 이유로는 의외로 우리나라와 일본이 동남아 각국에 비해 외환 자유화가 늦어져서 해외 투자에 익숙하지 않다는 점을 들 수 있다.

그러나 최근 들어 우리나라와 일본에서도 큰 변화가 나타나고 있다. 외국 금융기관을 이용하는 사례가 늘고 있는 것이다. 2003년 일본에서는 일본의 시중 은행들이 도산할지도 모른다는 소문이 돌아 예금을 빼내어 시티은행 도쿄지점으로 옮기는 사람들이 많았다는 이야기를 들은 적이 있다.

우리나라에서도 투자자들이 외국계 금융기관을 통해 해외채권형 펀드를 대량으로 매입했다는 기사가 나기도 했다. 국내 은행, 증권사, 투신사들이 지금부터라도 바짝 정신을 차리지 않으면 가계금융자산운용과 관련된 비즈니스를 모두 외국계 금융기관에 빼앗길지도 모를 일이다.

수비형 투자를 할 것인가,   8
공격형 투자를 할 것인가

우리나라의 가계금융자산 규모가 1,031조 원이라면 1세대당 보유금액은 어느 정도나 될까? 우리나라의 총세대수는 1,440만 세대이므로 1세대당 7,000만 원 정도라는 계산이 나온다. 최근에 우리나라 각 가정의 부채가 늘어서 1세대당 평균 부채 규모가 3,000만 원 가까이 된다는 언론보도를 본 일이 있는데, 이 통계가 맞다면 1세대당 순금융자산은 4,000만 원 정도가 된다고 보아야 할 것이다.

1세대당 가계금융자산이 7,000만 원 정도라는 말을 들으면 거액 자산가들은 겨우 그것밖에 안 되느냐고 말할지 모른다. 반대로 20~30대 젊은층에서는 우리 집에 7,000만 원의 금융자산이 어디에 있는가 하고 낙담을 할지도 모르겠다. 그러나 실망할 필요는 없다.

나라별로 본다면 선진국으로 갈수록 금융자산 규모가 늘어난다. 우리나라가 바로 본격적으로 늘어나는 단계에 들어섰다. 과거 10년 동안 평균 10% 정도씩 금융자산 규모가 늘어왔다는 통계가 이를 증명해 주고 있다.

개인의 일생에 있어서도 젊을 때 결혼하여 가정을 이루면 우선 자기 집부터 마련하려고 한다. 햇수가 지나면 자녀 학자금도 필요하게 된다. 따라서 중년 이후부터 금융자산이 늘기 시작하는 것이다.

여기에서 우리는 '자산형성'과 '자산운용'이라는 두 가지 용어의 차이를 분명하게 이해하지 않으면 안 된다.

자산형성이란 이제부터 시간을 두고 자산을 축적해 나가는 것이다. 자산형성을 하려는 사람은 아직 수중에 운용할 만한 자산이 많지 않기 때문에 이제부터 자산을 만들어 가려고 생각하는 사람이다. 따라서 자산형성은 젊은 세대의 투자자에게 의미가 있는 용어이다.

반면 자산운용은 이미 어느 정도의 자산이 있어서 이것을 어떻게 하면 더 늘리고 지켜나갈 것인가에 목적을 두고 투자를 하는 수법이다. 이런 이유 때문에 자산형성은 공격의 투자가 되고, 자산운용은 수비의 투자가 되는 것이다.

일반적으로 자산형성에 있어서는, 운용자산이 거의 없거나 그 규모가 그다지 크지 않기 때문에 운용을 잘하느냐 못하느냐보다는 급여소득 등 자신의 수입에서 어느 정도를 절약하여 운용자금으로 돌리느냐가 중요하다. 그러나 자산운용은 이미 모아놓은 자금을 어떻게 확실하게 운용하느냐가 중요하다. 따라서 같은 투자라 해도 자산형성을 목적으로 하는 투자자(자산형성층)와 자산운용을 목적으로 하는 투자자(자산운용층)의 투자방법은 크게 다를 수밖에 없다.

이 개념을 다시 세대별로 적용해 본다면, 지금부터 자산을 형성해 가려고 하는 젊은 세대는 리스크를 두려워 말고 리스크와 함께 간다는 생각으로 적극적인 투자자세를 갖도록 해야 할 것이다. 반면에 이미 어느 정도의 자산을 보유하고 있는 세대는 리스크를 어떻게 회피할 것인가, 투자대상 상품별로 리스크를 다르게 함으로써 어떻게 하면 전체적인 리스크를 최소화시킬 수 있을 것인가에 중점을 둔 보수적인 투자자세를 갖도록 해야 할 것이다.

다만, 한 가지 중요한 것은 좁은 의미의 자산형성을 위한 투자뿐 아니라 자기 자신의 가능성에 투자하는 넓은 의미의 투자까지도 고려하지 않으면 안 된다는 것이다.

이제 막 직장생활을 시작한 젊은 세대의 경우에는 장래의 수익을 창출하는 자본으로서의 자기 자신을 연마하는 데 더 많은 돈과 시간을 투자하는 것이 합리적일 수 있다.

주식투자에 열중하는 것보다는 자신의 비즈니스와 관련된 공부를 하는 것이 장래에 더 큰 수익으로 돌아오고, 적립식 투자에 돈을 넣는 것보다도 영어회화학원을 다니는 것이 장래에 더 큰 수입 증대 또는 기회 증대로 연결될 수도 있다는 것이다.

다시 말하면 돈을 버는 능력을 지닌 자기 자신도 운용자산의 일부라는 생각을 가져야 한다는 것이다.

현재 및 장래에 돈을 벌 수 있는 능력을 현재가치로 평가한 것을 '인적자본'이라 한다면, 개인의 운용자산은 이 인적자본과 좁은 의미의 운용자산을 종합해서 생각해야 한다는 뜻이다.

예를 들어, 젊은 세대가 금융자산에 투자할 경우 주식이나 주식형 펀드와 같이 투자위험도가 높은 자산의 비율을 높게 하는 것은 인적자본보다 높은 수익률을 낼 만한 금융자산이 상대적으로 적기 때문이다.

반면, 노년층으로 갈수록 인적자본은 축소되어 간다. 그러므로 자신의 경제력 전체에 미치는 영향은 상대적으로 자신이 돈을 벌 수 있는 능력, 즉 인적 자본에서 좁은 의미의 운용자산 쪽으로 옮겨가게 되는 것이다.

물론, 인적자본에는 사람에 따라 차이가 많다. 따라서 개개인의 라이프 플랜을 충분히 검토해 인적자본의 경제가치와 협의의 운용자산을 함께 묶어서 종합적으로 운용해 나갈 방법을 정하지 않으면 안된다.

저축과 투자 사이에서 더 이상 **망설이지 마라** 9

앞에서 우리나라 각 가정의 자산 구성이 구미 선진국에 비해 부동산에 편중되어 있고 금융자산의 비중이 너무 낮다는 이야기를 했다. 그런데 비중이 얼마 되지 않는 금융자산의 구성에서도 또 하나의 문제가 있다. 한마디로 은행예금과 같은 저축자산(상품)이 대부분을 차지하고 투자자산(상품)의 비중은 매우 낮다는 것이다.

여기에서 우리는 저축(상품)과 투자(상품)의 차이에 대해 확실히 이해를 해둘 필요가 있다. 자산운용에 성공하기 위해서는 두 용어의 차이를 확실하게 알고 있어야 하기 때문이다.

사전을 찾아보면, 저축은 '아껴서 모으다' 라는 뜻이고, 투자는 '자금을 투하하다' 라고 설명되어 있다. 어느 의미에서는 정

반대의 뉘앙스를 갖고 있다고 할 수 있다. 그런데 많은 투자자들이 그 차이에 대해서 거의 신경을 쓰고 있지 않는 듯하다. 그저 비슷한 개념이라고만 생각하는 분들이 많은 것 같다.

심지어는 금융감독 당국자들까지도 제대로 된 용어사용을 하고 있지 않다는 생각이 든다. 예를 들어 오래전부터 '증권저축'이라는 말을 써오고 있는데, 나중에 자세히 설명하겠지만 증권은 저축이 될 수 없다. 증권은 투자다.

명백하게 '투자상품'의 하나인 채권형 펀드를 그 동안 많은 투자자들이 저축상품으로 생각해 왔다. 정책당국도 그렇게 인식시키는 것이 바람직하다고 생각했는지 모른다. 최근 몇 년 사이에 일어난 '대우채 사태', 'SK글로벌 회사채 사태', 'MMF 사태' 등등은 모두 투자자, 금융기관, 정책당국자 모두가 저축과 투자의 차이를 제대로 이해하지 못한 데서 기인된 측면이 크다고 하겠다.

구미 선진국에서는 저축(Saving)과 투자(Investment)의 개념을 명확하게 구분하여 사용하고 있다. 미국의 많은 증권사, 투신운용사의 홈페이지에 들어가 보면 '투자자 교육' 항목이 있는데, 여기에서는 꼭 "당신은 투자자입니까, 아니면 저축자입니까?"라는 질문이 나온다. 투자자와 저축자에 대하여 정의를 내려놓고 이 중 어디에 속하는지를 스스로 생각해 보라는 것이다.

증권업계에 종사하는 한 일본인 친구가 미국 월가에 파견되어 근무를 한 적이 있었다. 이 친구가 월가에서 근무하면서, 미국

투자자들은 20~30년 장기투자를 한다는데 정말 그런지를 살펴 보기도 할겸 자신의 여유자금을 주식형 펀드에 투자해 보려고 가까운 은행에 갔다고 한다. 참고로 미국에서는 1980년대부터 은행에서 투자신탁펀드를 팔아왔고 우리나라와 일본의 은행에 서는 1998년 말부터 팔기 시작했다.

이 친구가 은행의 창구에 가서 앉자, 창구 여직원이 이렇게 물 었다.

"손님은 저축을 하러 오셨나요, 투자를 하러 오셨나요?"

갑작스런 질문에 이 친구는 당황해서 대답을 못하고 되물었다.

"무엇이 저축이고 무엇이 투자인가요?"

그랬더니 창구 여직원은 이 은행의 홈페이지를 찾아 보여주면 서 다음과 같이 대답했다.

"저축은 여기에 쓰여 있는 것처럼 아껴서 모은다는 뜻입니다. 따라서 늘어나는 속도가 느리기는 해도 원금이 줄어드는 일은 절대 없습니다. 저희 은행에서 책임을 져주기 때문입니다.

반대로 투자는 가능성을 보고 자금을 투하한다는 뜻을 가지고 있습니다. 따라서 기대했던 대로 되면 크게 수익을 낼 수도 있 지만 기대대로 되지 않으면 원금이 깨지고 큰 손해를 볼 수도 있 습니다. 그런 경우에 저희 은행에서는 책임을 져드릴 수가 없습 니다. 투자의 결과는 어디까지나 손님의 책임이기 때문입니다.

그래서 지금 손님께서 가지고 오신 자금이 단기간내에 써야 할 자금이거나, 원금이 깨져서는 절대로 안 되는 자금이라면 수익을 생각지 마시고 저희 은행의 OO예금이나 MMF에 넣으셔야 합니다. 만약, 단기간내에 써야 할 자금은 따로 마련되어 있고, 자금을 시장에 장기간 묻어둘 수 있으며, 9·11 테러사태나 이라크전쟁 발발 등과 같이 갑작스런 시황변동이 발생할 경우에도 이런 국면을 참고 견딜 각오가 되어 있는 자금이라면 투자를 하셔도 됩니다. 투자에는 위험이 따르기 때문입니다.”

우리가 흔히 접할 수 있는 금융상품 가운데 현금, 은행예금, 일반보험, 일반연금 등은 저축상품이고 주식, 채권, 투자신탁펀드 등은 투자상품이라고 할 수 있다. 그리고 보험 중에서도 변액보험은 나중에 운용된 결과에 따라 보험금이 지급되기 때문에 투자상품에 속한다. 또한 연금 중에서도 국민연금처럼 나중에 받을 연금액이 확정되어 있는 연금(이것을 확정급부형 연금이라고 함)은 저축상품이지만, 머지 않아 도입될 예정인 기업연금은 매달 불입하는 금액만 확정되어 있고 나중에 지급되는 연금액은 운용결과에 따라 결정되기 때문에(이것을 확정갹출형 연금이라고 함) 투자상품의 범주에 속한다고 보아야 할 것이다.

이들 금융상품에 넣어 자산을 운용할 경우에, 앞에 소개한 저축과 투자의 차이를 생각해 보고 결정하는 것이 복잡한 투자이론을 아는 것보다 훨씬 더 중요하다는 점을 다시 한번 강조하고 싶다.

10

복부인들에게도
투자교육을 시켜라

1980년대 말 일본의 국영방송인 NHK에 근무하는 친구 하나가 우리나라의 복부인에 대해 취재를 하러 온 일이 있었다. 한국의 주부들은 가정의 경제권을 쥐고 있을 뿐 아니라 부동산시장과 주식시장을 좌지우지할 정도로 맹렬하게 재테크 활동을 하고 있다는데 그게 사실인지를 알아보러 왔다는 것이다.

당시 대우증권에 근무하고 있던 나는 그 친구를 강남의 한 지점으로 안내하여 주부 고객들을 인터뷰할 수 있도록 도와주었다. 그런데 이 고객들은 인터뷰에 잘 응해주는 것 같더니만 막상 촬영을 하려고 했더니 모두 자리를 피해버렸다. 일본 TV에 복부인으로 얼굴이 나오는 게 싫었을 것이다. 얼굴이 잘 나오지 않게 멀리서 촬영하도록 하겠다고 간신히 설득하여 취재를 하고 돌아갔다.

그런데 나중에 보도된 것을 보았더니 한국 복부인을 경멸하는 내용이었다. 당시 나도 복부인에 대해 그다지 좋은 이미지를 갖고 있었던 것은 아니지만 막상 그런 보도를 접했을 때는 얼마나 기분이 나빴는지 모른다.

지금도 일본에서는 가정주부가 채권이나 투자신탁이라면 몰라도 주식투자를 하겠다고 증권회사 객장에 나와 있는 광경은 별로 볼 수 없다. 증권회사 영업사원이 가정방문식 세일즈를 할 뿐 아니라 인터넷으로 매매를 할 수 있어서 객장에 나올 필요도 없겠지만 가정주부가 증권회사 객장에 앉아 있으면 이를 이상하게 바라보는 사회 풍조의 영향이 크다고 생각된다.

과거 50~60년 동안 일본의 금융정책당국이나 각급 학교에서는 국민들에게 개미같이 열심히 일하고 여유자금이 생기면 망설이지 말고 우체국이나 은행에 가서 예금을 해라, 주식과 같은 투기적인 상품에는 손을 대지 않는 게 좋다는 식으로 가르쳐왔다. 원래부터 보수적인 국민성인데다가 이런 교육의 영향 탓인지 지금도 가계금융자산이 위험을 수반하는 투자상품(주식, 채권, 투신수익증권 등)에 들어가 있는 비율은 10%를 약간 넘는 정도이다. 나머지는 현금, 예금 또는 보험과 같이 원금이 보장되는 저축성 금융상품으로 보유하고 있다. 1년 만기 정기예금금리가 0.01% 수준밖에 안 되는데도 투자상품 쪽으로는 무서워서 못가고 그냥 저축성 상품에 묻어두고 있는 것이다.

이런 현상에 대해 일본의 저명한 경제학자인 시마다 교수는 다음과 같이 설명하고 있다.

"일본인은 1940년대부터 거의 3세대를 지나는 동안 리스크를 경험하지 못하고 살아왔다. 같은 환경이 몇 세대 동안 계속되면 생물의 DNA는 변화해 버리고 만다. 지금의 일본인에게는 리스크를 이해하는 DNA가 거의 남아 있지 않다는 게 문제인 것이다."

이런 얘기를 듣고 나면 우리나라에는 리스크에 도전하는 씩씩한 복부인이 활약하고 있다는 게 얼마나 다행(?)인지 모르겠다.

일본의 정책당국은 뒤늦게 문제점을 인식하고 위험을 감수하더라도 꿈이 있고 성장 가능성이 있는 곳에 투자를 해야 한다는 내용의 투자교육을 강화시키고 있지만 안전지향에 젖어 있는 일본 국민들은 좀처럼 움직여 주질 않고 있다. 이것이 일본경제가 안고 있는 큰 고민 중의 하나이다.

반면에 미국의 경우를 보면 가계금융자산에서 차지하는 투자상품의 비중이 70~80%나 되고, 현금 · 예금 등 원금이 보장되는 저축상품은 20~30% 정도에 지나지 않는다. 미국인들은 어릴 때부터 투자와 위험에 대한 교육을 받고 자라기 때문에 사회에 나가면 수입의 일부를 주식이나 투신과 같이 위험이 따르는 금융상품에 투자하는 데 금방 익숙해질 수 있는 것이다. 1990년대에 미국에서 IT와 같은 첨단산업이 꽃을 피웠던 것도 이렇게 국민들이 위험이 따르더라도 장래성 있는 기업의 주식이나 채권에 투자를 해주었기 때문에 가능했다고 볼 수 있다.

그렇다면 우리나라의 가계금융자산은 어떻게 구성되어 있을까?

아래 표에서 보는 것처럼 2003년 말 현재 1,031조 원 규모의 가계금융자산 중에서 투자상품이 차지하는 비중은 20%도 채 못 된다. 일본보다는 투자상품의 비중이 높다고 할 수 있지만 미국에 비하면 압도적으로 저축상품 중심인 것이다.

그런데 1998년 말만 해도 투자상품의 비중이 25% 정도를 차지했고 그 이전에는 더 높았던 때도 있었다. 용감한 복부인들이 거래소 주식, 코스닥 주식, 주식형 펀드로 몰려들었던 시절이다.

그러나 2~3년 전부터는 투자상품을 떠나 은행예금으로 옮겨가고 있다. 금리가 낮아도 좋으니 안전한 은행예금에 넣어두자는 생각을 하고 있는 것 같다. 주식투자, 펀드투자에서 큰 손해를 보고 나서 증권사와 투신사 그리고 주식을 발행한 기업들까

한 · 미 · 일 가계금융자산의 구성 비교

		저축상품	투자상품	
한국	1998년 말	(75%)	(25%)	672조 원
	2003년 말	(82%)	(18%)	1,031조 원
미국(2003년 말)		(30%)	(70%)	34.3조 달러 (약 4경 원)
일본(2003년 말)		(85%)	(15%)	1,410조 엔 (약 1경 5,000조 원)

- 저축상품 : 현금, 예금, 종래의 보험, 확정급부형 연금(공적연금) 등
- 투자상품 : 주식, 채권, 투자신탁펀드, 신탁, 변학보험, 확정각출형 연금(기업연금) 등
- 출처 : 각국 중앙은행 통계

지도 더 이상 못 믿겠다는 생각이 들었기 때문일 것이다.

미국의 가계금융자산도 1980년대 초반까지는 고금리시대가 계속되었기 때문에 은행예금이나 채권과 같은 고정금리상품의 비중이 높았다. 예를 들어 1975년의 미국 가계금융자산 통계를 보면 현금·예금에 들어가 있는 비율이 55%로 나타나 현재 우리나라의 비중과 비슷한 수준이었다. 이것이 1980년대 중반 이후 10년 만기 국채 금리가 3~4%대로 낮아지는 등 저금리 시대가 정착되면서 국내 주식투자, 해외투자로 자금이 이전되었던 것이다.

그런 측면에서 보면 현재의 우리나라 금융시장은 1980년대 중반의 미국처럼 가계금융자산이 주식시장으로 유입될 것인지, 낮은 금리를 감수하면서라도 일본처럼 계속 은행예금에 머물러 있을 것인지 갈림길에 서 있다는 생각이 든다.

용감한 복부인들에게서 보는 것처럼 우리나라 투자자들은 리스크를 받아들일 수 있는 DNA를 갖고 있다고 생각한다. 상장기업, 코스닥 기업의 경영이 투명경영, 주주중시경영으로 바뀌고 증권·투신·은행들이 제 역할을 하는 한편, 투자자들에게 제대로 된 투자교육만 이루어진다면 앞으로 가계금융자산은 투자상품, 그 중에서도 주식이나 주식형 펀드에 유입되어 갈 것이다.

11

투자가 죽으면
경제도 살아나지 못한다

요즘 일본에서는 '노노상속(老老相續)'이 큰 문제로 대두되고 있다. 문자 그대로 노인이 세상을 떠나면서 갖고 있던 재산을 젊은이가 아닌 노인에게 상속하는 것이 문제라는 뜻이다.

한 일본인 친구의 예를 들면, 그의 큰어머니는 2003년에 92세의 나이로 세상을 떠나면서 65세의 사촌형에게 재산을 상속했다고 한다. 92세라면 일본인의 평균수명(2002년 기준 남 78세, 여 85세)을 생각할 때 특별히 오래 살았다고도 할 수 없는 나이이다. 그런데 92세의 고령자라면 그 배우자 또한 비슷한 수준의 고령자일 것이고, 자녀들도 젊어야 50대 후반이나 환갑을 넘은 나이가 된다. 즉 일본의 고령자가 사망을 했을 경우에는 갖고 있던 재산이 거의 확실하게 노인에게 상속된다고 할 수 있다.

앞에서 언급했지만, 지난 몇십 년 동안 일본인들은 그야말로 개미처럼 일해서 2003년 말 1,410조 엔(약 1경 5,000조 원)이나 되는 금융자산을 모았다. 세계에서 미국 다음으로 많은 규모이다. 그런데 문제는 이 개인금융자산의 대부분(60% 정도)을 60세 이상의 노인들이 갖고 있다는 점이다.

과거 50~60년 동안 일본에서는 거의 투자교육이 이루어지지 않은데다 대부분의 금융자산을 노인들이 운용하다 보니 미래의 성장성 추구보다는 안전지향이 될 수밖에 없다. 가계금융자산의 60% 가까이를 은행 또는 우체국에 예금하고 있거나 아예 현금으로 갖고 있는 큰 이유 중의 하나가 바로 여기에 있는 것이다. 주식과 같은 투자자산에 들어가 있는 비율은 20%도 되질 않는다. 좀 위험하더라도 미래의 꿈을 보고 투자하는 자산은 별로 없고 담보 확실하고 떼일 염려가 없는 곳에 대부분의 금융자산이 들어가 있다는 뜻이다. 바로 이 점이 일본경제가 활력을 찾지 못하고 있는 이유 중의 하나다.

이에 비해 미국의 경우에는 가계금융자산 중 현금 · 예금의 비중은 12%에 지나지 않고 주식이나 채권 또는 투자신탁펀드와 같은 투자상품의 비중이 70~80%나 된다. 미국인의 기질도 그렇고 증권시장이 발달해 있기 때문이기도 하겠지만 더 큰 이유는 왕성하게 경제활동을 하고 있는 40~50대가 상당부분의 금융자산을 보유하고 있기 때문이다. 이것이 바로 미국 경제활력의 원천이기도 하다.

지금 일본에서는 돈은 많은데 그 돈이 돌고 있지 않아서 고민이다. 돈이 돌지 않는 이유 중의 하나는 그 돈이 왕성하게 경제활동을 하는 젊은층에게 가 있지 않기 때문이다. 따라서 이런 문제를 해결하기 위해서는 부모가 살아 있는 동안에 자녀에게 쉽게 재산을 물려줄 수 있도록 생전증여관련 과세제도를 개선해야 한다는 의견이 강력하게 제기되고 있다.

또한 노인들이 갖고 있는 부동산 등을 담보로 사망할 때까지 일정 소득을 보장하는 제도도 검토대상이 되고 있다. 사는 동안 일정 소득만 보장된다면 노인들도 재산을 젊은 세대에게 물려주기 쉬워질 것이기 때문이다.

우리나라도 세계에서 유례없이 빠른 속도로 고령사회에 진입하고 있다. 일본의 이런 사례가 우리에게 시사하는 바가 무엇인지를 심각하게 생각해봐야 할 것이다.

12

투자의 시작, **세 개의 주머니**를 준비하라

투자에 관한 이야기를 하기 전에 먼저 투자교육과 관련하여 내가 사부로 모시고 있는 한 외국인을 소개하고 싶다. 미국의 유력 증권사인 '챨스스왑'의 사장과 굿모닝신한증권의 이사회의장을 역임한 바 있는 티모시 매카시 씨의 이야기다. 현재는 일본의 대형 투신운용사의 CEO를 맡고 있으며, 《일본인이여, 돈에 눈을 떠라》라는 책을 펴내기도 한 사람이다.

그는, 투자에 성공하여 부자가 되려면 세 개의 주머니를 준비하라고 조언한다. 그 자신이 샐러리맨으로 시작해서 상당한 재산을 모을 수 있었던 것은 주머니 세 개를 적절하게 이용했기 때문이라는 것이다. 또한 미국의 많은 샐러리맨들이 이 방법을 이용하여 노후에 대비한 재산형성을 하고 있다고 한다.

티모시 회장이 투자의 기본을 철저히 몸에 익히게 된 것은 자기 어머니의 불행을 옆에서 지켜보았던 데서 시작한다. 어머니의 불행은 그가 고교를 졸업하기 직전에 아버지가 교통사고로 돌아가시면서부터 시작되었다.

갑자기 가장이 된 그의 어머니는 일가족의 생계를 책임지지 않으면 안 되었다. 그때까지 모아둔 재산과 아버지의 생명보험금이 적은 금액은 아니었지만 자식들의 장래를 생각하면 그 정도로는 불안하다는 생각이 들었다. 어머니는 자산을 안전하게 운용하여 조금이라도 가계에 보탬이 될 수 있는 방법을 찾아볼 생각으로 증권회사를 찾았다.

1970년대 전반까지는 미국의 증권회사들도 종합자산관리보다는 그때그때 시황에 따라 돈 벌 수 있다고 생각되는 종목을 추천했던 것 같다. 그의 어머니는 상담자의 권유에 따라 25년 만기의 채권에 투자를 했는데 그 결과가 비참했다. 금리가 크게 오르는 바람에 장기채권값이 폭락하여 재산이 절반으로 줄어버린 것이다.

그런데 비극은 그것으로 끝나지 않았다. 채권을 다 팔아버리고 나니까 금리가 떨어지면서 채권값이 다시 큰 폭으로 올랐던 것이다. 당황하여 팔아버리지만 않았더라면 원금을 회복하고도 남을 정도였다. 분하기도 하고 원금이라도 찾아야 한다는 생각에 초조하기도 하여 이번에는 기업내용이 좋다고 상담자가 권유하는 주식에 투자를 했다. 그러나 이번에도 주가가 하락하여 큰 손해를 보았다.

너무나 놀란 어머니는 남은 돈을 찾아서 절대 원금이 줄어들 염려가 없는 은행예금에 넣었다. 다음부터는 채권이고 주식이고 투자에 대해서는 귀를 막고 살았다. 그 후 주식시장, 채권시장이 크게 상승했을 때 재산을 크게 늘려볼 수 있는 기회를 아예 놓치고 말았다. 가족들은 가난한 생활을 할 수밖에 없었고 어머니가 그때의 충격에서 벗어나는 데는 20년의 세월이 걸렸다고 한다.

대학생이었던 티모시 회장은 갖은 고생 끝에 하버드대학을 졸업하고 월가에 취직했다. 그는 어머니의 불행을 생각하며 자신은 어머니와 같은 불행한 투자자가 나타나지 않도록 하는 일을 하겠다고 결심했다.

그가 저서 서문에 "우리 어머니가 경험한 것과 같은 쓰라린 경험을 다른 사람이 경험하지 않기를 빌며……"라고 쓴 것만 보아도 그 결심이 어느 정도였는지 짐작할 수 있다. 이후로 그는 30년 이상을 FP(Financial Planner)로 일해오면서 투자자들에게 '세 개의 주머니를 준비하라' 고 조언하고 있다.

그런데 왜 '세 개의 주머니' 일까?

티모시 회장은 자기 어머니가 상속재산의 대부분을 잃는 불행을 당하게 된 이유가 무엇이었는지를 생각해 보았다. 그 답을 얻기 위해 30여 년 동안 월가에서 일하면서 금융시장의 동향과 사람들의 투자행동을 계속 관찰했다.

이 과정에서 그가 깨달은 것이 첫째, 재산을 단 하나의 금융상품에 집중시켜서는 안 된다(분산투자), 둘째, 금융상품은 단기간에 샀다 팔았다 해서는 안 된다는 것이었다. 차분하게 물을 데워간다는 생각으로 보유해야 한다(장기계속투자)는 것이었다.

그의 어머니는 채권 한 가지 또는 주식 한 가지에만 집중투자하지 말았어야 했던 것이다. 또한 시세가 떨어진다고 해서 당황하여 팔아치울 일도 아니었다. 이런 원리를 몰랐던 것은 그의 어머니만이 아니었다. 당시 미국 증권회사의 직원 또한 마찬가지였다. 혼자 된 어머니의 입장을 동정하여 매우 친절하고 성의 있게 상담을 해주기는 했지만 어찌 보면 간단하다고 할 수 있는 성공투자의 원리를 몰랐던 것이다. 그것이 불행의 원인이었던 것이다.

나중에 안 사실이지만 아시아와 유럽에서도 셀 수 없이 많은 투자자들이 자기 어머니와 똑같은 실패를 반복하고 있었다. 물론 운 좋게 자산운용에 성공하는 사람도 있었다. 그는 FP로 일하면서 수많은 사람들이 실패에 눈물을 흘리고 성공해서 기뻐하는 모습을 보아왔다.

이들의 실패와 성공을 보면서 그는 하나의 결론에 도달하게 되었다. 어느 시장에서든, 자산 규모의 크고 작음에 상관없이 간단히 실행에 옮길 수 있고, 안심하고 자산형성을 할 수 있는 '자산형성의 기본원칙'이 있다는 것이다. 그는 이 원칙을 '세 개의 주머니'라는 개념으로 정리하고 있다.

그는 자산형성이 생각보다는 매우 간단한 것이라고 주장한다. 복잡한 지식보다는 단순한 '사고방법'이 더 중요하다는 것이다. 즉 어려운 전문용어가 잔뜩 나열된 투자론 책을 읽는 것보다도 이 단순한 원칙을 지키는 것이 투자에 성공하는 길이라고 말한다.

미국에서는 1970년대 후반부터 일반투자자들에게 '세 개의 주머니'와 같은 개념이 보급되어 왔으며, 일본에서도 4~5년 전부터 보급되기 시작하고 있다. 이들 나라의 경험으로 볼 때 한국에서도 이제는 투자자들이 이런 원칙을 받아들일 때가 되었다고 티모시 회장은 주장한다. 나 또한 그의 말에 동감하기 때문에 지난해부터 '세 개의 주머니를 준비하라'고 투자자들에게 권유하고 있다.

그렇다면 '세 개의 주머니'가 과연 무엇인지 본격적으로 알아보도록 하자.

13

생계용 주머니,
저축 주머니를 만들어라

어느 정도 재산을 형성하여 편안한 노후를 보내고 싶다면 젊은 시절부터 세 개의 주머니를 준비하는 게 좋다. 저축 주머니, 트레이딩 주머니, 자산형성 주머니가 그것이다.

몇십만 원이든, 몇천만 원이든 그 동안 모아둔 자금이 있으면 그 자금을, 그리고 당장은 모아둔 돈이 없더라도 매월 얼마씩 월급을 받게 된다면 그 월급을 이 세 개의 주머니에 나누어서 관리하면 된다.

첫 번째의 저축 주머니는 누구나 꼭 갖고 있어야 하는 주머니다. 몇 개월 이내에 지출해야 할 생활비, 자녀학자금, 예기치 않은 사태에 대비한 비상금 등은 이 주머니에 넣어둔다. 이런 성격의 자금은 필요하면 언제든 해약해서 써야 하기 때문에 예금이나 MMF와 같은 저축상품에 넣어두어야 한다. 그런 의미에서 저축 주머니라고 하는 것이다. 또한 생활에 필요한 자금을 넣어둔다고 해서 생계용 주머니라고 부르기도 한다.

앞에서도 얘기했지만 금융상품은 크게 저축상품과 투자상품으로 나눌 수 있다. 저축상품이란 금융기관이 운용을 책임져 주기 때문에 수익률은 낮지만 원금이 깨질 위험이 없고 필요할 때 쉽게 해약할 수 있는 상품이다. 은행예금이 대표적인 저축상품이며, 미국에서는 MMF도 저축상품에 포함시키고 있다. 원금이 깨지지 않도록 운용하는 것을 원칙으로 하기 때문이다.

우리나라에서는 대우채 사태, SK글로벌 채권 사태 등을 당하여 원금이 깨진 MMF를 물어내라고 항의하는 고객과 못 물어내겠다는 판매회사(은행, 증권사) 사이에 분쟁이 자주 있었는데, 앞으로는 MMF가 저축상품인지 투자상품인지 확실하게 자리를 잡아갈 것이다.

투자상품은 운용의 결과에 대한 책임을 투자자 자신이 지는 상품이다. 주식, 채권, 투자신탁펀드 등이 대표적인 투자상품이다. 이들 상품에 투자하면 크게 벌어도 투자자의 것이고 크게 손해를 보아도 투자자의 몫이다. 따라서 투자상품에 투자할 때는 그 상품의 위험도와 수익률 가능성에 대해 많은 공부를 하지 않으면 안 된다.

나는 30년 넘게 증권업계에 근무하면서 저축 주머니에 들어가야 할 자금을 투자상품에 넣었다가 큰 손해를 보는 사람들을 종종 보아왔다. 집을 바꾸게 되어 중도금으로 받은 돈이 한달간 놀게(?) 되는데 어떻게 주식투자로 늘려볼 수 없을까, 두 달 후 딸의 결혼 혼수감으로 쓸 자금이 있는데 요즘같이 주가가 오를 때 주식을 사서 튀겨(?)보는 방법이 없을까 등의 전화를 얼마나 많이 받았는지 모른다. 그때마다 저축과 투자의 차이를 설명하면서 단기자금을 단기 시황 전망만 믿고 주식이나 주식형 펀드에 투자하지 않도록 설득하느라고 무척 애를 먹었다.

물론 생계용 자금이라고 해서 꼭 저축 주머니에만 넣어둘 필요는 없다. 자금계획을 잘만 세운다면 3개월 정도의 여유자금은 단기 공사채형 펀드에 넣는 것도 바람직하다. 가격변동이 심한 투자상품에 넣었다가 갑자기 자금이 필요하여 손해를 보고 해약하는 일만 없도록 하면 되는 것이다.

오락용 주머니, **트레이딩 주머니를 만들어라** 14

두 번째 주머니는 트레이딩 주머니다. 이 주머니에서는 주식, 채권, 선물, 옵션 등의 개별종목을 단기간에 사고팔아서 수익을 내려는 자금을 관리한다.

물론 트레이딩(Trading)도 투자의 한 종류다. 다만 투자는 위험(Risk)을 관리하면서 자산을 안전하게 운용한다는 의미를 갖고 있는 반면, 트레이딩은 위험을 각오하고 '단기에 승부를 건다'는 의미가 강하다. 투기와 비슷한 뜻으로 쓰인다고 볼 수 있다. 따라서 '투기 주머니' 혹은 '대박 주머니'라고도 한다.

그렇다고 투자는 좋은 것이고 투기에 가까운 트레이딩은 나쁜 것이라고 말할 수는 없다. 이 주머니를 운용할 때의 자세가 문제일 뿐이다.

어떤 산업이나 개별 기업을 열심히 분석하여 단기투자에 성공하는 사람도 많이 있다. 또한 단기에 승부를 걸고 스릴을 느끼는 것 자체를 재미있어 하는 사람도 많다. 특히 몇 년 전부터는 개인의 인터넷거래가 크게 늘고 있다.

미국에서 인터넷으로 투자정보를 수집하는 연령층을 조사한 결과를 보면, 초기에는 30~45세가 주류였는데 최근에는 60~70세의 노인들이 크게 늘고 있다고 한다. 반면에 45~60세의 현역 비즈니스맨에게는 그다지 보급되고 있지 않다고 한다. 정년퇴직 후에 머리회전이 둔해지는 것을 막기 위해 인터넷 트레이딩을 하는 노인들이 늘고 있다고 추정할 수 있겠다.

우리나라에서도 마찬가지다. 내가 아는 어느 대학 교수님은 정년퇴직을 하면서 인터넷 트레이딩을 시작하였다. 모 증권사 서울시내 지점의 고객 중에는 70세가 넘은 자산가 할머니가 한 분 있는데, 10억 원이 넘는 자금을 갖다놓고 매일 출근을 하면서 선물거래를 한다고 한다. 지난해 수익률이 30%를 넘을 정도로 운용실적도 좋다고 한다. 그 할머니는 돈을 버는 것보다도 트레이딩 그 자체가 인생의 낙인지도 모른다.

문제는, 트레이딩 주머니가 노후대비 재산형성에는 그다지 도움이 되지 않는다는 점이다. 단기 트레이딩의 성공은 실력보다는 운에 따른 요소가 강하기 때문이다. 매번 주가를 맞춘다는 것은 불가능하다.트레이딩은 위험성이 큰 만큼 기대할 수 있는 수익도 크지만 반대의 경우도 생각해야 한다.

　따라서 트레이딩 주머니는 처음부터 '오락용 주머니'라고 생각하고 시작하지 않으면 안 된다. 운이 좋아 수익을 많이 냈을 경우에는 그 돈으로 부부가 같이 여행을 할 수도 있다. 그러나 9·11 테러사태와 같은 예기치 않은 상황을 만나 큰 손해를 보게 되면 '오락을 했으니까' 하고 체념할 수 있어야 한다.

　또한 트레이딩 주머니의 운용에서 실패를 하더라도 노후생활에 타격을 주어서는 안 된다. 앞에서 소개한 티모시 회장은 보유 금융자산의 20%를 넘지 않는 것이 좋다고 조언한다. 또한 트레이딩 주머니를 모든 사람이 꼭 갖고 있어야 할 필요도 없다고 생각한다. 특히 본업을 가진 일반투자자들이 단기 트레이딩에서 계속 성공하기는 거의 불가능하다는 것을 염두에 두어야 할 것이다.

　사실, 지금까지 우리나라 투자자들의 대부분이 저축 주머니와 트레이딩 주머니만 갖고 있었다고 할 수 있다. 금리가 낮은 은행예금이 아니면 위험성이 큰 트레이딩으로 금융자산을 운용해온 것이다. '모' 아니면 '도' 식으로 자산을 관리해온 셈이다.

15

노후생활을 위한
자산형성 주머니를 만들어라

젊은 시절부터 준비해야 할 세 개의 주머니 중 가장 중요한 주머니는 '자산형성 주머니'라고 할 수 있다. 이 주머니는 자신의 꿈을 실현하는 자금, 자녀들 양육비, 결혼자금, 주택구입자금, 은퇴한 뒤의 생활자금 등을 마련하기 위한 주머니이기 때문이다. 특히 지금과 같은 저금리·고령화 시대에는 젊은 시절부터 이 주머니를 어떻게 관리하느냐에 따라 노후의 생활수준이 결정된다고 할 수 있다.

옛날 우리 조상들은 딸을 낳으면 오동나무를 심어서 그 딸이 시집갈 때 농을 만드는 데 사용했다고 한다. 자산형성 주머니는 바로 이 오동나무에 해당한다고 볼 수 있다. 자산이라는 묘목을 장래를 위해 확실하게 키워나가는 데 필요한 주머니이기 때문이다. 여기에 필요한 것은 햇볕과 양분이다. 햇볕은 '분산'에 해당되고, 양분은 '시간'이라고 할 수 있다. 자산형성 주머니를 운용하는 기본전략을 '투자대상의 분산'과 '장기계속 투자'에 두어야 한다는 의미에서다.

그런데 앞에서도 말했지만 우리나라 가정에서는 보유 금융자산을 대부분 저축 주머니와 트레이딩 주머니로 관리하고, 가장 중요한 자산형성 주머니는 관리 대상으로 여기지도 않는 실정이다.

현재 가계금융자산의 구성을 보면 현금·예금이 60%, 보험·연금이 20%를 차지하고, 주식·채권·투자신탁과 같은 투자상품의 비중은 20%도 안 된다. 과거 주식시장과 채권시장이 활황을 보였던 시기에는 투자상품의 비중이 40% 가까이까지 늘어난 때도 있었다. 대부분의 투자자들이 단기 시황 전망에 따라 일시적으로 트레이딩 주머니에 넣었던 자금을 주가하락으로 원금을 손해 본 채 지금은 다시 저축 주머니에 옮겨놓았다는 뜻이다.

최근과 같은 저금리 시대에 저축 주머니의 비중이 은행예금과 연금·보험까지 합하면 가계금융자산의 80% 가까이나 차지하고 있는 것은 바로 이런 이유 때문이다.

반면에 미국의 가계금융자산 구성을 보면 현금·예금의 비중은 13%에 지나지 않고 투자상품의 비중이 주식·채권 시황에 관계없이 장기간에 걸쳐 70~80% 수준을 유지해 오고 있다. 투자상품을 투기에 가까운 단기 트레이딩 주머니에 넣어 관리하는 비중은 매우 적고 대부분을 자산형성 주머니를 통해 생애설계에 맞게 장기·분산투자를 하기 때문이다.

이제 우리나라의 가정에서도 단기 시황에 연연하지 말고 시간과 친구가 되어 위험을 관리해 가면서 노후대비 자산형성에 성공할 수 있는 방법을 찾아야 할 시기가 왔다고 할 수 있다.

16

자산형성 주머니는
장기 · 분산투자로 불려라

"귀사는 주식형 펀드에 편입하는 종목을 어떤 기준으로 선정합니까?"

"저희는 5년 이내에 두 배 이상 오를 수 있을 만큼 저평가되어 있다고 판단되는 종목을 고릅니다. 또한 시장에 투자하지 않고 기업에 직접 투자합니다. 따라서 저희는 마켓 타이밍을 고려하지 않습니다. 우선 저희가 알 수 있는 기업의 주식만을 대상으로 합니다. 기업방문을 열심히 해서 그 기업의 가치에 비해 주가가 저평가되어 있다고 생각되는 주식을 사 놓고 제값을 받을 때까지 기다린다는 생각으로 투자를 합니다.

우선 투자대상 후보에 오른 기업을 여러 차례 방문하여 경영층과 면담을 반복하고 그 기업이 속해 있는 산업을 냉정하게 분석합니다. 그리하여 향후 5년간의 수익전망을 분석합니다. 이 전망을 토대로 적정주가를 계산한 후 5년 이내에 두 배 이상 오를 수 있다는 판단이 서면 투자를 결정하는 것입니다. 투자대상 종목을 고를 때 종합주가지수의 종목별 비중이나 산업별 비중은 고려하지 않습니다. 많은 운용회사들이 주가지수와 비교해가면서 운용을 하지만 저희는 저평가된 정도를 기준으로 운용하기 때문에 저희가 구성한 포트폴리오는 주식시장의 지수와 다르게 나타날 때가 많습니다. 철저하게 종목 중심으로 운용한다는 뜻입니다."

"그렇다면 투자한 종목은 언제 파십니까?"

"첫 번째, 주가가 저희가 생각한 적정 수준에 이르렀다고 생각했을 때 팝니다. 예를 들어 5년 이내에 두 배 수준까지 주가가 올랐을 때입니다. 산 지 몇 개월 만에 그 수준에 이르면 그때 팔고, 1년 후에 그 수준이 되면 1년 후에 팝니다. 장기투자라고 하여 무작정 들고 있는 게 아닙니다.

두 번째는 투자한 기업의 내용(저희는 이것을 펀더멘탈이라고 합니다)이 당초의 저희 예상과 달리 나쁜 방향으로 가고 있다고 판단될 때 팝니다. 이때는 주가가 투자할 때 수준보다 크게 떨어져 있더라도 미련없이 팔아버립니다. 더 큰 손실을 줄이기 위해서입니다.

이런 방침으로 운용을 하기 때문에 다른 운용회사들의 매매회전율이 연간 300~400%(3~4회 사고판다)인 데 비해 저희 펀드의 회전율은 50% 이하입니다. 그만큼 자주 매매를 하지 않는다는 뜻입니다."

이상은 내가 진행을 맡았던 펀드평가 방송프로에서 펀드평가위원과 외자계 투신운용사의 펀드매니저가 질문하고 답변한 내용이다. 이 회사는 우리나라에 진출해서도 일관성 있게 운용철학을 지켜왔고, 우리나라 시장에서도 종목 중심의 장기투자자가 성공할 수 있다는 것을(어느 측면에서는 그 방법만이 성공할 수 있다는 것을) 실제 운용으로 보여온 회사다.

이 회사의 펀드 운용방법을 소개하는 이유는, 이것이 노후대비 자산형성 주머니의 운용과 관련되기 때문이다. 노후대비 자산형성 주머니도 트레이딩 주머니와 마찬가지로 주식, 채권 등의 개별종목에 투자할 수 있다. 운용방법이 다를 뿐이다.

자산형성 주머니는 트레이딩 주머니와 달리 단기투자보다는 앞에 소개한 외자계 투신운용사의 펀드 운용방법처럼 장기·분산투자를 해야 하는 것이다.

17

왜 **장기·분산 투자**인가

주식투자에 성공하기 위해서는 두 가지 리스크를 피할 수 있어야 한다. '시장 전체의 리스크'와 '개별종목 고유의 리스크'가 그것이다.

시장 전체의 리스크란, 예를 들어 서울 주식시장 전체가 하락하는 리스크를 말한다. 어느 회사의 주식을 보유하고 있는데 그 회사가 경영을 잘하여 영업실적이 호조를 보이고 있는데도 주가가 오르기는커녕 하락을 계속하는 경우가 있다. 이는 우리 경제 전체가 불경기가 되거나 돌발적인 정치사태 등을 당하여 시장 전체의 주가가 하락할 때이다. 또한 9·11 테러사태나 이라크전쟁 발발과 같은 해외요인 때문에 국내 주식시장 전체가 하락하는 경우도 있다. 이것이 시장 전체의 리스크다.

그렇다면 시장 전체의 리스크는 어떻게 피할 수 있을까? 단기로 투자할 경우에는 피할 수 없다. 증권사의 조사자료나 언론에서는 다음 주 또는 다음 달의 시황 전망만 잘하면 시장 리스크를 피할 수 있는 것처럼 말하지만 실제로는 불가능하다. 미국의 워렌 버펫이나 피터 린치 같은 전설적인 펀드매니저들도 몇 개월 앞의 주가는 예측할 수 없다고 말한다. 그런 전제하에서 좋은 회사의 주식을 사 놓고 제값을 받을 수 있을 때까지 참고 기다리는 게 투자라는 것이다. 앞에 소개했던 외국계 투신운용사가 종목선정 기준을 '5년 이내에 두 배 이상 주가가 오를 수 있다고 판단되는 종목'으로 하고 있는 것도 바로 이런 이유 때문이다.

그러나 우리나라에서 장기투자를 해야 성공한다고 생각하는 투자자는 그리 많지 않다. 타이밍에 맞게 샀다가 떨어지기 직전에 재빨리 팔고 나와야 한다. 즉 단타매매를 해야 성공한다고 생각하는 투자자가 대부분이다.

그런데 미국, 영국, 일본 투자자의 자산운용에 대한 의식조사를 한 결과를 보면 흥미 있는 차이를 발견할 수 있다. 제시한 표에서 보는 바와 같이 주식처럼 수익률(따라서 가격) 변동위험이 있는 금융상품은 장기보유를 해야 하고 예금처럼 수익률이 확정된 상품은 단기로 운용해야 한다고 생각하는 투자자가 미국, 영국에서는 절반 이상을 차지하는 데 비해 일본에서는 26%밖에 안 된다.

조사 내용 / 나라	수익률 변동위험이 있는 금융상품이야말로 장기보유를 해야 하며 수익률 확정상품은 단기운용에 적합하다	수익률이 확정되어 있는 금융상품은 장기보유를 하고, 수익률 변동위험이 있는 상품은 단기간으로 운용해야 한다	잘 모르겠다
미국(1998년)	46.7%	40.7%	12.7%
일본(1999년)	26.0%	69.0%	5.0%
영국(1998년)	43.2%	47.2%	9.6%

- 리스크는 장기투자와 분산투자로 줄일 수 있다는 현대 포트폴리오 이론으로 보면 미국의 투자자는 매우 합리적이고 일본의 투자자는 합리적이지 못하다는 점을 나타낸다.
- 출처 : 일본경제신문사 광고국

반대로 수익률이 확정되어 있는 상품은 장기보유를 하고 수익률 변동이 있는 상품은 단기로 운용해야 한다고 생각하는 투자자는 미국, 영국에서는 40% 정도인데 일본에서는 70% 정도인 것으로 나타나고 있다. 우리나라에서 같은 조사를 한다면 주식은 단기로 운용해야 한다고 생각하는 투자자의 비율이 일본보다도 더 높게 나타날 것이다. 이런 인식의 차이는 어디에서 연유된 것인지 깊이 생각해 볼 문제다.

주식투자에 따르는 두 가지 리스크 중 또 하나의 리스크는 '개별종목 고유의 리스크' 다. 어느 기업의 주식을 샀을 경우 그 기업의 고유요인으로 인해 주가가 변동하는 리스크이다.

기업의 고유요인으로는, 그 회사가 속해 있는 산업의 성쇠, 경영자의 능력, 수요의 변화, 원재료와 인건비 등 코스트의 변화,

기술의 진보 또는 진부화, 해당업계에 대한 규제 등을 들 수 있다. 이들 요인의 영향을 받아 해당기업의 주가가 시장 전체의 움직임과 다른 움직임을 보일 수 있다. 이러한 요인을 조사하여 그 회사의 내용에 비해 저평가되어 있는 주식을 사는 것이 주식투자의 기본인 것이다.

개별종목 리스크를 피하기 위해 기본적으로 해야 할 것은 좋은 기업의 주식을 고르려는 노력이다. 열심히 기업방문을 하고 경영진의 능력을 포함한 해당 기업의 내용과 그 기업이 속해 있는 산업을 냉정하게 분석하여 자산가치, 수익성 등에 비해 주가가 저평가되어 있는 기업을 골라야 한다.

증권업계에서 이런 일을 전문적으로 하는 사람을 애널리스트라고 부른다. 애널리스트들은 밤낮을 가리지 않고 기업을 방문하고 분석하여 보석이 숨겨져 있는 원광석을 찾기 위해 노력하고 있다. 억대의 연봉을 받는 애널리스트들도 많이 있다. 일반투자자의 입장에서는 이들 실력있는 애널리스트들의 분석자료를 참고로 해서 투자대상종목을 고르게 된다. 확인 가능한 것은 직접 확인하고, 그런 뒤 투자에 대한 최종판단은 자신이 내려야 한다.

그러나 우수한 애널리스트들이 아무리 노력을 한다 하더라도 개별종목 리스크를 100% 피할 수는 없다. 주가를 움직이는 복잡한 변수들이 너무나 많기 때문이다. 따라서 개별종목 리스크를 줄이는 방법으로 '분산투자'를 택하게 된다.

　분산투자란 투자대상 종목을 몇 종목에서 몇십 종목으로 분산시켜 투자위험을 줄이는 방법을 말한다.

　예를 들어 항공회사 주식에 투자를 했다고 가정해 보자. 항공회사의 수익은 여러 가지 요인에 의해 좌우되지만 가장 큰 영향을 미치는 것은 석유가격의 동향이다. 석유가격이 오르면 연료 코스트가 늘어나 항공회사의 수익이 줄고 주가는 하락한다. 그러나 이때 석유회사의 주식에도 같이 투자를 하고 있었다면, 항공회사 주가가 하락을 하더라도 원유가격 상승으로 인해 석유회사의 주가는 반대로 상승을 할 것이다. 양쪽의 주식에 나누어 투자하면 어느 한쪽의 주식에만 투자할 경우보다 리스크는 크게 줄어들게 된다. 이것이 분산투자의 효과다.

　이제 주식개별종목으로 자산형성 주머니를 운용하는 원리를 어느 정도 이해했을 것이다. 한마디로 말하면, 장기투자로 시장 리스크를 피하고 분산투자로 개별종목 리스크를 피해야 성공할 수 있다.

자산형성 주머니는 배당주로 채워라

18

2001년 초, 시중금리가 급격하게 하락하고 있던 시기에 나는 어느 문화예술 관련 단체의 기금운용자문위원을 맡은 일이 있었다. 그 단체는 은행의 1년 만기 정기예금금리가 9% 이상만 되면 다른 고민을 할 필요 없이 대부분의 기금을 은행에 예금하여 여기에서 얻는 금리수입으로 1년 사업을 해나갈 수 있었다.

그런데 10% 이상을 유지해 오던 은행금리가 갑자기 3~4% 수준으로 떨어지면서 문제가 생겼다. 금리수입만으로는 사업예산이 턱없이 모자라기 때문에 좀더 높은 수익을 얻을 수 있는 기금운용 방법을 찾아줄 수 있겠는지 자문위원들에게 요청을 해왔다.

자문위원들은 논의를 거듭한 끝에 배당주펀드투자를 제안했다. 당시에는 주가 수준이 아주 낮았기 때문에 상장기업 중에서 예상배당수익률(확실하게 지급될 것으로 예상되는 배당금을 당시의 주가로 나눈 비율)이 10%를 웃도는 종목이 50종목도 넘었다. 이 중에서 우량회사를 10종목만 골라 펀드로 구성하여 투자하라는 것이었다.

다만 "주가는 끊임없이 변하기 때문에 회사의 경영내용이 나쁜 방향으로 가지 않는 한 주가의 등락에 신경쓰지 말고 주식을 장기보유해야 한다. 그렇게 하면 결과적으로 투자원금의 10% 이상에 해당하는 배당금을 매년 받게 된다. 이 방법은 미국의 연기금들과 매년의 배당수입을 생활비에 충당하려는 고령 투자자들이 많이 활용하고 있는 투자방법이다"는 설명도 덧붙였다.

실제로 미국의 연기금이나 배당투자자들은 코카콜라나 디즈니랜드와 같이 꾸준히 이익을 내면서 높은 배당 성향을 유지하는 회사의 주식에 주로 투자한다. 마이크로소프트와 같은 회사의 주식은 성장성은 높지만 그 동안 배당을 주지 않는 정책을 펴왔기 때문에, 2003년에 배당을 중시하는 방향으로 정책을 바꾼다는 발표가 있기 전까지는, 이 회사의 주식을 투자대상에서 제외시켜 왔다.

자문위원들의 이 같은 제안에 대해 기금운용 책임자들은 처음에는 매우 큰 관심을 보였다. 현실적인 제안이라는 생각을 했던 것 같다. 그러나 일주일 정도 검토를 거친 후에 내린 결론은 펀드투자가 불가능하다는 것이었다. 주가가 오르면 다행이지만

만약에 하락을 하여 펀드가 손실을 보게 되면 가을의 국정감사
에서 기금운용 책임자들이 문책을 당할지 모른다는 것이 그 이
유였다.

이런 사정은 우리나라 각종 연기금이 공통적으로 안고 있는
문제인 것 같다. 따라서 규정개정을 포함하여 이들 연기금이 장
기주식투자를 할 수 있는 환경을 만들어 주지 않으면 지금과 같
은 저금리 시대에 기금의 운용수익률을 높인다는 건 거의 불가
능하다.

그런데 자문회의가 끝나고 간부들과 같이 점심식사를 하는데,
전직교수인 이 단체의 원장님이 "아까 말한 펀드를 내가 살 수
없을까요?"라고 묻는 것이었다.

그분은 재직하던 학교 근처에 서재로 쓰던 소형 아파트를 갖
고 있는데 정년퇴직을 하게 되어 남에게 전세로 빌려주고 있었
다고 한다. 1년 만기 정기예금금리가 10% 이상이던 시절에는 전
세금에서 나오는 이자를 받아 요긴하게 쓸 수 있었다. 그러나
금리가 3~4% 수준으로 떨어지다 보니 세금 떼고 나면 손에 쥘
수 있는 이자수입이 몇 푼 안 되었다. 할 수 없이 전세를 월세로
바꾸어 내놓았는데, 형편이 어려운 사람이 입주를 했는지 몇 개
월 월세를 내다가 계속 연체를 하더라는 것이다. 그래서 입주자
를 내보내고 다시 전세로 바꾸어 놓았는데, 그 전세금으로 배당
주 펀드를 사면 좋겠다는 생각이 들었다는 것이다.

그렇다. 바로 이런 사람에게 맞는 노후대비 자산형성 주머니

운용방법 가운데 하나가 배당주(개별종목) 투자 또는 배당주 펀드투자인 것이다. 재무내용이 좋은 회사(주로 내수종목) 중에서 예상 배당수익률이 일정 수준(예를 들어 6% 또는 7%) 이상인 종목(또는 펀드)을 돈이 생기는 대로 사서 모아가는 것이다. 그렇게 되면 투자한 금액으로부터 매년 6~7% 이상의 배당금을 받을 뿐 아니라 주가가 오를 경우 시세차익도 얻을 수 있다. 물론 회사 경영에 근본적으로 문제가 생길 경우 이외는 주식을 단기로 사고 팔지 않는다(따라서 주가 움직임에 신경을 쓰지 않는다).

많은 미국 투자자들이 젊은 시절부터 코카콜라나 디즈니랜드 같이 내수우량기업이면서 배당 성향이 높은 주식을 계속 사 모아 노후대비를 하는 것은 바로 이런 원리이다. 앞으로는 우리나라에서도 이런 방식의 배당주 투자가 늘어날 것이다.

제 3 장

노후를 위한 주머니는
펀드투자로 채워라

앞 장의 끝 부분에서는 주식 개별종목투자로 자산형성 주머니를 운용하는 방법을 이야기했다. 주식투자에 따르는 두 가지 리스크, 즉 시장 리스크와 개별종목 리스크를 피하기 위해서는 장기, 분산투자를 해야 한다는 것이 주요 내용이었다. 고령층 투자자에게 적합한 배당주 투자방법에 대해서도 설명을 했다. 그러나 이런 내용을 안다고 해도 본업을 가진 일반투자자들이 개별종목에 직접 투자하여 성공하기는 말처럼 쉽지 않다. 우리 경제가 국제화되면서 주가형성 요인이 너무나 복잡해졌을 뿐 아니라 마음 약한 일반투자자들이 급변하는 시황에 대응하여 사고파는 결단을 내린다는 것이 그렇게 쉽지 않기 때문이다.

그런 이유로, 투자선진국이라고 하는 미국의 경우를 보면 대부분의 가정이 투자신탁펀드로 자산형성 주머니를 운용하고 있다. 전 세대의 52%, 즉 두 집에 한 집꼴로 투자신탁펀드를 보유하고 있다는 통계가 이를 말해 주고 있다.

투자신탁이란 운용전문기관이 일반투자자로부터 자금을 모아 주식, 채권 등에 투자하고 여기에서 얻는 수익금을 투자자에게 나누어주는 제도다. 투자신탁에 운용을 맡기기 위해 돈을 넣었다는 증서를 수익증권 또는 펀드라고 한다.

펀드의 종류는 매우 다양하지만 크게 세 가지로 나누어볼 수 있다. 하나는 주로 주식에 운용(대부분 60% 이상)하기 때문에 주식시황에 따라 가격이 크게 오르기도 하고 떨어질 수도 있는 주식형 펀드이고, 또 하나는 채권, CP(기업어음) 등에 운용하기 때문에 채권발행회사가 부도가 나거나 큰 폭의 금리상승이 없는 한 원금이 깨질 염려가 없는 채권형 펀드, 나머지 하나는 만기가 짧은 채권, CP 등에 운용하여 은행예금처럼 수시로 해약이 가능한 MMF(Money Market Fund)이다.

투자신탁운용회사의 펀드매니저들은 끊임없이 보유종목을 점검하고 유망종목을 발굴하여 운용성적을 올리기 위해 노력하기 때문에 펀드 투자자들은 개별종목을 고르기 위해 고민할 필요가 없다. 투자신탁이 좋은 또 하나의 이유는 소액의 자금으로도 고가주에 투자할 수 있다는 점이다. 예를 들어 한 주에 몇십만 원이 넘는 삼성전자를 펀드를 통해서는 만 원 이하의 단위로도 투자할 수 있는 것이다. 또한 일반인으로서는 조사분석이 불가능한 해외 주식이나 채권에도 투자할 수 있다.

투자신탁이 이렇게 좋은 간접투자 방법인데도 많은 투자자들로부터 불신을 받고 있다. 그 이유가 무엇일까?

여기에는 투자자, 투신운용사, 판매사 모두의 책임이 있다. 투자자는 확실한 투자목표를 세워 투자신탁에 장기·분산 투자하기보다는 2~3개월 후의 시황 전망을 근거로 단기 매입·해약을 일삼아왔다. 따라서 시황이 과열되었을 때 샀다가 몇 개월 견디질 못하여 손해 보고 해약해 버린 경험이 대부분인 것이다. 투신운용사, 판매사 또한 일반투자자들에게 장기·분산 투자를 교육시키기 위해 노력하기보다는 이러한 투자자들에게 영합하여 특별한 운용철학도 없이 단기운용을 계속해 왔다. 그러니 좋은 운용성적이 나올 리 없었던 것이다.

그러나 최근 들어 우리 투신시장도 급속하게 질적인 개선을 보이고 있다. 우선 투자자들에게 장기·분산 투자방법이 보급되기 시작했다. 해외 유력 운용사들이 국내에 진출하면서 국내 투신운용사, 판매사들도 변하고 있다. 미국의 경우처럼 노후대비 자산형성 주머니를 투자신탁으로 운용할 수 있는 시대가 되었다고 할 수 있는 것이다.

이미 시작된 **펀드시대** ——————— 2

현재 우리나라에서 가계금융자산의 운용수단으로 투자신탁펀드가 보급되어 있는 정도는 주식형 투신을 기준으로 한다면, 1980년대 초 미국의 상황과 비슷하지 않나 생각된다. 미국의 가계금융자산 중에서 주식형 펀드가 차지하는 비중이 1%를 넘어선 시기는 1980년대 초였다. 이것이 1980년대, 1990년대를 통해 계속 늘어나서 현재는 연금을 통한 보유분까지 포함하면 20% 가까운 비중을 차지하고 있다. 부유층뿐 아니라 사회에 갓 진출한 샐러리맨까지 노후대비 재산형성을 위해 주식형 펀드에 투자하고 있는 것이다.

투자하는 방법 또한 주가가 오를 것 같으니까 개별종목에 투자하듯이 펀드를 샀다 팔았다 하는 게 아니고 특정한 목적을 갖고 장기로 투자한다. 노후의 생활자금 또는 자녀교육자금 마련을 위해 주식 시황에 관계없이 펀드를 적립식으로 매입해 나가는 투자자도 많다. 부모 또는 조부모가 아들, 손주의 출생을 기념하여 어린이 펀드를 매입하기도 한다. 그렇다면 1980년대 이후 미국에서 주식형 펀드가 이렇게 일반 가계의 장기 자산형성 수단으로 자리를 잡게 된 배경은 어디에 있을까?

그 첫 번째 배경은 주식형 펀드에 대한 인식의 변화이다. 즉 생업을 가진 보통 사람이 소액의 여유자금을 투자하여 재산형성을 할 수 있는 가장 유리한 상품이라는 인식이 확산되었다는 것이다. 미국의 일반투자자들도 1960년대까지는 개별종목에 직접 투자하는 게 일반적이었다. 그러던 것이 1960년대 말부터 1980년대 초까지 주식시장의 장기침체와 주식소유의 기관화 과정을 겪으면서 전문가에게 맡기지 않고서는 성공할 수 없다는 인식이 확산되게 된 것이다. 피델리티, 템플턴 등의 유력 운용사들이 실제로 운용능력을 인정받기 시작한 것은 1980년대 이후부터였던 것이다.

두 번째의 배경은 저금리의 정착이다. 1980년대 전반까지만 해도 10%를 웃돌던 10년 만기 국채 수익률이 계속 떨어져 최근에는 3~4%대에 있다. 최근의 우리나라 사정과 비슷하다. 따라서 고수익을 얻기 위해서는 위험을 부담하더라도 주식이나 주식형 펀드를 투자대상으로 생각하지 않을 수 없게 된 것이다. 게다가 1980년대에 미국의 많은 은행과 저축대부조합이 도산을 하고 예금이 부분보장제로 이행되면서 낮은 금리에 원리금도 전액 보호되지 않는 은행예금보다는 차라리 주식이 낫다는 생각을 하게 된 것이다.

세 번째의 배경은 기업의 수익력 향상이다. 1980년대 초까지의 혹독한 구조조정을 통해 기업의 수익성이 높아지고, 이에 따라 주가가 장기 상승국면으로 진입하면서 주식에 대한 인기가 높아진 것이다.

그 외에 투신상품의 판매채널이 증권사뿐 아니라 은행, 보험 및 독립적인 금융자산관리사(FP) 등에게까지 확대되었고, 업계와 사회단체의 투자자 교육이 강화되면서 투자자들이 장기투자의 유리점을 인식하기 시작했다는 점, 기업연금이 확대되는 한편 증권세제가 장기수익증권 투자를 우대하는 방향으로 개편되었다는 점 등도 시장확대의 요인으로 작용했다.

현재 우리나라 투신시장이 처해 있는 상황도 1980년대 초 미국시장의 상황과 유사한 점이 많다. 개별종목 직접투자에 대한 투자자들의 인식변화, 저금리 시대의 정착과 예금의 부분보장제도로의 이행, 상장기업의 구조조정, 투신판매채널의 확대, 세계 유수 투신운용사의 국내진출과 이에 영향받은 국내 기존 투신사의 질적 변화, 투신협회 등을 중심으로 한 투자자 교육 강화의 움직임 등이 그것이다. 현재 침체국면에 있는 주식시황이 다소 회복되고, 여기에 증권사나 은행의 정도영업 노력이 뒷받침된다면 우리나라에도 주식형 펀드의 시대가 열릴 것이다.

포트폴리오를 짜서 투자하라

투자신탁펀드는 주식형, 채권형, 혼합형, MMF 등 종류가 매우 다양하다. 주식형 한 종류만 해도 몇백, 몇천 개의 펀드가 있다. 최근에는 국내펀드뿐 아니라 해외의 유수한 펀드들까지 국내 투자자에게 소개되고 있다.

이들 수많은 펀드 중에서 어떤 펀드를 골라야 할까? 그 대답을 해야 한다면 펀드도 주식이나 채권 개별종목 투자처럼 자신의 형편에 맞게 포트폴리오를 짜서 분산투자를 해야 한다고 말하고 싶다.

포트폴리오의 어원은 이태리어로 '종이를 운반하는 도구' 라는 뜻이다. 원래는 서류를 끼우는 '홀더' 라는 뜻으로 사용되어 왔는데, 이것이 금융시장에 도입되어 '보유하는 유가증권 일람

표'라는 뜻으로 변하였다. 따라서 포트폴리오는 각종의 투자상품을 넣어두는 그릇이라고 생각하면 된다. 이 그릇 속을 들여다 보면 현재 자신이 어떤 상품을 얼마나 보유하고 있고, 또 어떤 상품을 보유하고 있지 않은지를 알 수 있다.

그런데 초보 투자자의 경우에는 혼자의 힘으로 펀드 포트폴리오를 짜기가 쉽지 않다. '어떤 자산계획으로 할 것인가' 하는 문제를 놓고 어떤 재료, 즉 '어떤 펀드를 고를 것인가'를 결정한다는 게 간단치가 않기 때문이다. 따라서 전문 FP의 도움을 받는 것이 좋다. 물론 전문가의 도움을 받는다 해도 자신의 포트폴리오는 최종적으로 투자자 자신이 짜야 한다. 모든 사람에게 맞는 프리 사이즈의 포트폴리오는 있을 수 없기 때문이다.

리스크를 거의 질 수 없는 투자자라면 위험도가 높은 상품의 비율을 극단적으로 낮추고, 그 대신 위험도가 낮은 상품의 비율을 높인다. 반대로 상당히 큰 리스크도 부담할 수 있는 투자자라면 위험도가 높은 상품의 비율을 높이는 한편, 위험도가 낮은 상품의 비율은 낮게 하는 포트폴리오가 유효할 것이다.

일반적으로 투자신탁펀드를 위험도가 낮은 펀드로부터 높은 펀드 순으로 열거해 보면 MMF, 국내 단기채펀드, 국내 장기채펀드, 해외 채권형 펀드, 국내 주식형 펀드, 해외 주식형 펀드 순이 될 것이다. 투자자들은 자신의 리스크 허용 정도에 따라 이들 펀드의 배분비율을 정해야 한다. 리스크 허용 정도는 나이, 재산상태, 가족구성 등의 요인에 의해 결정된다.

나이에 맞춰
포트폴리오를 짜라

펀드 포트폴리오를 짤 때는 연령, 재산상태, 월수입, 가족상황 등을 고려해야 하는데, 여기에서는 연령만을 고려한 다섯 가지의 포트폴리오 유형을 소개해 보기로 하겠다.

우선 연령이 60대 이상으로 현역에서 은퇴한 투자자라면 '원본중시형' 또는 '이자·배당 중시형'의 포트폴리오가 좋다.

원본중시형은 예금·MMF 50%, 채권형 40%, 주식형 10%의 배분비율을 기본으로 한다. 원금확보를 최우선으로 하기 때문에 유동성이 높고 원본이 깨질 가능성은 거의 없는 반면, 수익률은 낮아질 수밖에 없는 포트폴리오다.

이자·배당 중시형은 예금·MMF 25%, 채권형 50%, 주식형 25%를 기본비율로 한다. 원본중시형과 마찬가지로 수익률보다는 원본손실을 최소화하는 데 중점을 두고 노후생활자금 일부를 이자, 배당에서 얻을 수 있는 포트폴리오다. 물론 수익률이 높은 상품의 비율을 다소 높인 관계로 원금손실의 위험은 커지고 유동성도 다소 낮아진다.

40대 후반에서 50대 투자자의 경우에는 '이자·배당 및 시세차익 절충형'의 포트폴리오가 적합하다. 그것은 수익률 추구와 원금손실위험간의 균형을 고려한 포트폴리오로서 예금·MMF 10%, 채권형 50%, 주식형 40%가 기본 비율이다. 이자·배당 중시형보다 높은 수익률을 추구할 수 있는 대신 어느 정도 높은 위험도를 감수해야 하기 때문에 원금이 깨질 가능성도 그만큼 커진다.

20대에서 40대 중반까지의 투자자라면 '시세차익 중시형' 또는 '시세차익 추구형'의 포트폴리오를 짜서 적극적으로 운용해도 좋을 것이다. 투자기간이 길 뿐 아니라 실패하더라도 만회할 수 있는 시간적 여유가 있기 때문이다.

시세차익 중시형은 가격변동의 위험을 적극적으로 수용하여 평균 이상의 수익률 달성에 목표를 두는 포트폴리오로서 예금·MMF 5%, 채권형 30%, 주식형 65%가 기본비율이다. 이자·배당 수입은 그다지 고려하지 않고 주식의 시세상승차익을 주수익원으로 생각한다.

한편, 시세차익 추구형은 원금손실의 위험을 회피하기보다는 고수익을 확보하기 위해 주식의 시세차익을 중시한다. 예금·

MMF 5%, 채권형 20%, 주식형 75%가 기본비율이다. 장기투자에 적합한 투자상품을 엄선하여 3~5년의 투자기간에 수익을 내겠다는 포트폴리오인 것이다.

이상은 연령만을 고려하고 펀드도 MMF, 채권형, 주식형으로 단순화시킨 모델 포트폴리오다. 실제 포트폴리오를 짤 때는 연령뿐 아니라 재산상태, 가족상황 등을 고려해야 할 것이다. 편입시키는 펀드 또한 국내펀드와 해외펀드, 안정형 펀드, 성장형 펀드 등 종류가 다양하기 때문에 신뢰할 수 있는 FP의 도움을 받아 선정해야 할 것이다.

▞ 펀드 포트폴리오의 사례

① 원금 중시형(예금 · MMF 50%, 채권형 40%, 주식형 10%)

원금 확보를 최우선으로 한다. 유동성이 높고 원금이 깨질 가능성은 거의 없는 반면, 수익률은 낮아질 수밖에 없다.

② 이자 · 배당 중시형(예금 · MMF 25%, 채권형 50%, 주식형 25%)

①과 마찬가지로 수익률보다는 원금손실 위험의 회피를 중시한다. 수익률이 높은 상품의 편입비율을 다소 높인 관계로 ①에 비해 원금손실의 위험이 커지고 유동성도 다소 낮아진다.

③ 이자 · 배당 및 시세차익 절충형(예금 · MMF 10%, 채권형 50%, 주식형 40%)

수익률 추구와 원금손실 위험의 균형을 고려한다. ②보다 높은 수익률을 추구하는 대신 높은 위험도를 감수해야 하기 때문에 원금이 깨질 가능성도 있다.

④ 시세차익 중시형(예금 · MMF 5%, 채권형 30%, 주식형 65%)

가격변동의 위험을 적극적으로 수용하여 평균 이상의 수익률 달성을 최우선한다. 이자 · 배당수입은 그다지 고려하지 않고 주식의 시세상승 차익을 수익의 중심으로 생각한다.

⑤ 시세차익 추구형(예금 · MMF 5%, 채권형 20%, 주식형 75%)

원금손실의 위험을 회피하기보다는 고수익률의 확보를 우선하고 주식의 시세상승 차익을 중시한다. 장기투자에 적합한 투자상품을 엄선하여 3~5년의 투자기간에 수익을 내겠다는 포트폴리오 전략이다.

5

실패하지 않는 포트폴리오 **관리법**

투자자가 자신의 나이, 재산상태, 가족상황 등을 고려하여 자신에게 맞는 펀드 포트폴리오를 짠 뒤에는 3개월에서 6개월에 한 번씩 포트폴리오를 점검해야 한다. 펀드의 배분비율을 재조정하는 것이다.

예를 들어, 나는 현재 보유하고 있는 금융자산과 신규로 투자하는 자금을 주식형 50%, 채권형 40%, MMF 10%의 포트폴리오를 짜서 운용하고 있다. 50대 후반의 필자에게는 비교적 공격적인 포트폴리오라고 할 수 있다.

그런데도 주가가 급등할 때는 채권형을 팔아 주식형을 늘리고 싶은 유혹을 받게 된다. 주식형 펀드의 기준가격은 계속 오르는데 채권형이나 MMF는 거의 늘어나지 않기 때문이다. 이럴 때

유혹을 참고 자신에게 맞는 포트폴리오를 지켜나가는 것이 중요하다. 그 대신 6개월에 한 번씩 포트폴리오에 들어 있는 펀드들을 시가로 평가해 본다. 그 동안에 주가가 상승하여 주식형이 60%로 늘어난 반면 채권형은 35%로, MMF는 5%로 줄어들었을 수 있다. 이 경우에는 주식형에서 늘어난 10%를 매각하여 채권형 및 MMF의 줄어든 비중을 메운다. 원래의 포트폴리오로 다시 바꾸어 놓는 것이다.

또다시 6개월이 경과했다. 그런데 이번에는 주가가 하락하여 주식형의 비중이 10%만큼 줄고, 채권형과 MMF에서 10%만큼 늘어나는 경우도 있다. 이 경우에도 늘어난 부분의 10%를 팔아서 주식형의 줄어든 부분을 메워서 원래의 비율인 50%, 40%, 10%로 만들어 놓는다. 이렇게 현실의 포트폴리오가 당초의 자산배분 계획대로 유지되도록 노력하는 것을 '포트폴리오의 재조정'이라고 한다.

이러한 재조정 작업을 포트폴리오를 재배분해야 할 필요가 생길 때까지 계속해 나간다. 포트폴리오의 재배분이란 금융시장의 환경, 나이, 가족, 여타의 재산상태, 자신의 직업으로부터 얻는 수입 등의 변화를 고려하여 자산배분계획 자체를 바꾸는 것을 말한다. 이런 방식을 장기간 계속해 나가면 평균적으로 싼 값에 사서 비싼 값에 팔 수 있게 될 것이다.

선진 증시의 투자자들은 오랜 경험을 통해 이런 방식으로 5년, 10년 장기투자를 하는 것이 시황 전망을 근거로 빈번히 사고파는 것보다 결과적으로 훨씬 높은 수익을 얻을 수 있다는 것을 깨닫게 되었다. 따라서 미국의 투자자들은 주가가 오를 것 같으니까 주식형 투신을 사고, 주가가 떨어질 것 같으니까 팔아 버리는 식으로 투자를 하지 않는다. 자신의 생애설계에 맞는 펀드 포트폴리오를 짜고, 정책적으로 배분비율을 바꾸어야 할 사정이 생길 때까지 그 포트폴리오를 유지해 나가는 것이다.

□ **포트폴리오의 재조정이란?**
 현실의 포트폴리오가 당초의 자산배분 계획대로 유지되도록 노력하는 것.

□ **포트폴리오의 재배분이란?**
 자산배분 계획 자체를 바꿀 필요가 없는지를 검토하는 것. 금융시장 환경, 나이, 가족, 여타 재산상태, 자신의 직업으로부터 얻는 수입 등의 변화를 고려하여 변경.

포트폴리오의 재조정 사례

– 1억 원으로 주식형 50%, 채권형 40%, MMF 10%의 포트폴리오를 구성

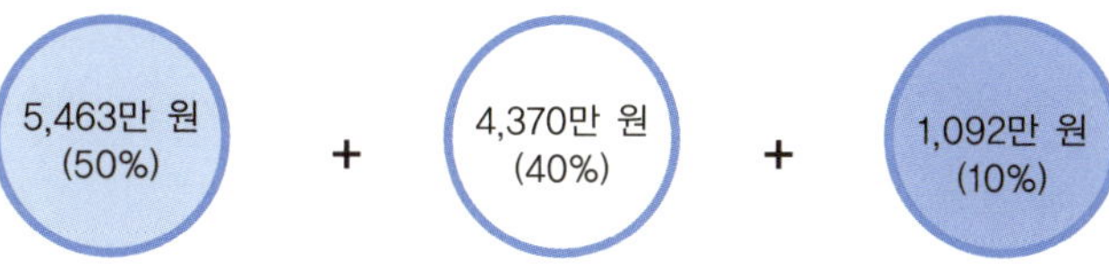

6

현실에 맞는
포트폴리오의 **재조정과 재배분**

이쯤에서 포트폴리오의 재조정과 재배분에 대해서 좀더 자세히 살펴보도록 한다.

포트폴리오의 재조정이란 현실의 포트폴리오가 당초의 자산배분계획대로 유지되도록 노력하는 것을 말한다. 반면에 포트폴리오의 재배분이란 자산배분계획 자체를 바꿀 필요가 있는 것은 아닌가를 검토하는 것이다.

포트폴리오의 배분비율은 시간이 경과함에 따라 바뀌게 된다. 그 안에 편입된 펀드들의 가격이 변하기 때문이다. 예를 들어 중년의 투자자가 자기 형편에 맞게 주식형 펀드 50%의 절충형 포트폴리오로 투자를 시작한 뒤 1년 동안 포트폴리오를 재조정하지 않고 그대로 두었다고 가정해 보자. 그 사이에 주가가 크게 올라 주식형 펀드의 가격도 오르게 되었다면 주식형 펀드의 비중이 70~80%로 늘어날 수 있다. 20~30대 연령층에 맞는 시세차익 추구형 포트폴리오로 바뀐 것이다. 중년 투자자에게는 너무 위험도가 높은 포트폴리오가 된 것이다. 따라서 자신의 형편에 맞는 원래의 포트폴리오로 되돌려 놓을 필요가 있다. 이렇게 현실의 포트폴리오가 당초의 자산배분계획대로 유지되도록 노력하는 것을 포트폴리오의 재조정이라고 하는 것이다.

포트폴리오를 재조정하는 방법에는 두 가지가 있다.

한 가지는 앞에서 소개한 대로 6개월 또는 1년의 기간을 정해 두고 정기적으로 재조정하여 당초 수준의 자산배분을 유지하는 방법이다. 또 한 가지 방법은 당초 수준에서 미리 정해 놓은 비율(예를 들어 10%) 이상으로 괴리가 생겼을 때 재조정하는 방법이다. 후자의 방법은 전자의 방법에 비해 자산배분의 변화에 항상 주의를 기울이지 않으면 안 된다. 그 대신 시장의 변화에 보다 임기응변으로 대응할 수 있는 이점이 있다. 당초의 자산배분에서 크게 벗어나는 것을 피할 수 있다는 점에서는 정기적인 재조정보다 효과적인 방법이라 할 수 있다.

포트폴리오를 재조정할 경우 어느 정도 기간마다 재조정을 할 것인가, 또는 원래의 포트폴리오 배분비율에서 어느 정도 괴리가 생겼을 때 재조정을 해야 할 것인가도 문제가 된다. 원래의 포트폴리오에 따라 다르겠지만 일반적으로 말해 너무 자주 재조정하는 것은 그다지 효과가 없다. 기간으로는 6개월에 한 번

정도, 괴리율로는 10%의 괴리가 생겼을 때 재조정하는 게 무난한 방법이 될 것 같다.

한편, 투자자의 경제적 여건이나 가족상황 등이 바뀌게 되면 리스크의 허용 정도도 달라지게 된다. 유산상속으로 생각지 않았던 재산이 생길 수도 있고 직장이 바뀌면서 월급이 줄어들 수도 있다. 전세를 살다가 자기 집을 구입할 수도 있다. 이렇게 경제적인 상황이 바뀌면 투자자의 리스크 허용도도 바뀌게 된다.

경제적인 상황뿐 아니라 나이가 들어 투자할 수 있는 기간이 줄어드는 것도 자산배분을 변경하도록 하는 요인이 된다. 예를 들어 노후까지 20년 이상 남아있는 투자자라면 리스크를 가능한 한 높게 하고 그만큼 수익을 크게 하는 운용계획을 세울 수 있다. 그러면 고위험 · 고수익의 포트폴리오가 되는 것이다.

그런데 나이가 50대가 되어 남은 운용기간이 10년 정도밖에 남지 않았다면 자신의 리스크 허용도를 재확인하여 좀더 보수적인 포트폴리오로 바꾸지 않으면 안 된다. 리스크 허용도에 따라 포트폴리오 자체를 변경하지 않으면 안 되는 것이다. 이렇게 포트폴리오 자체를 바꾸는 것을 '포트폴리오의 재배분' 이라고 한다.

포트폴리오의 재배분은 재조정에 비해 고려해야 할 요소도 많고 시간이 소요되는 작업이기 때문에 너무 자주하기는 어렵다. 자신의 리스크 허용도에 영향을 줄 만한 일이 생겼을 때, 가령 취직이나 결혼, 출산, 자녀의 입학 · 결혼 · 취직, 주택구입, 정년퇴직과 같은 굵직한 일이 생겼을 때 한다. 또는 돌발적인 사고로 투자자 자신의 수입·지출 및 연봉, 자산액 등이 바뀌었을 때 리스크 허용도를 다시 측정하여 자신의 형편에 맞는 포트폴리오를 짜야 한다.

본래는 투자자 스스로가 자신의 리스크 허용도가 어떻게 바뀌었는지를 파악하여 자기가 직접 포트폴리오를 수정하는 것이 바람직하지만 현실적으로는 쉽지 않은 일이다. 따라서 실력 있고 믿을 수 있는 FP의 도움을 받아 현재의 리스크 허용도를 점검해 보고 앞으로의 자산운용계획에 맞는 포트폴리오를 짜는 것이 바람직하다.

7

지금까지의 펀드투자, 무엇이 문제였나

그렇다면 지금까지의 펀드투자 방법에는 어떤 문제점이 있었을까?

이에 대해서는 주식형 펀드를 예로 들어 살펴보기로 한다. 가장 큰 문제점은 펀드판매회사(증권회사, 은행 등)들이 주가 전망을 근거로 주식형 펀드를 판매하고, 투자자들도 주가가 오른다는 말을 듣고 펀드에 투자한다는 것이다.

1998년 9월 종합주가지수가 300대 전후에서 움직이고 있을 당시 투신운용사의 대표를 맡고 있던 나는 이때야말로 주식형 펀드에 투자를 해야 할 시기라는 생각으로 '불스아이(Bull's Eye)'라는 이름의 펀드를 출시했다. 1970년대 말 미국 주식시장이 장기침체의 막바지에 이르렀을 때 권위 있는 시사지에 〈주식의 죽음(The Death of Equities)〉이라는 제목의 특집이 게재된 일이 있었다고 한다. 나도 그 흉내를 내어 〈한국의 주식시장은 죽었는가?〉라는 역설적인 제목의 자료를 만들어서 판매해 줄 증권회사를 찾아다녔다. 그러나 대부분의 판매회사들은 이런 시황 속에서 어떻게 주식형 펀드를 파느냐면서 상대해 주지 않았다. 종합주가지수가 500대가 되어도 600대가 되어도 판매회사는 움직이질 않았다. 그러다가 800대가 지나 1000 가까이 되자 증권사와 은행들이 약속이나 한 듯이 주식형 펀드 판매 캠페인을 시작했다.

그들이 하는 식은 이렇다. 우선 강남의 유명 호텔을 빌려 투자설명회를 개최한다. 유명한 스트레티지스트, 펀드매니저들이 나와 "세계가 한국을 재평가하기 시작했다. 중국관련 테마로 지수가 2000을 향해 가고 있다" 등등의 장미빛 전망을 이야기한다. 이 말을 믿고 개인투자자들이 앞을 다투어 몰려온다. 주가는 그쯤에서 단기천정을 보인다. 막차를 탄 개인투자자들은 1개월, 2개월, 3개월…… 가슴을 앓다가 몇십 퍼센트 손해를 보고 환매를 해버린다. 그리고 투신사, 증권사는 믿을 수 없다고 불평을 한다. 그런 악순환이 수없이 되풀이되어 왔던 것이다.

이런 사정은 일본도 비슷하다. 1999년 말에서 2000년 초까지의 IT버블 당시 일본의 한 대형사는 장미빛 시황 전망을 내걸고 1조 엔(약 10조 원) 규모의 주식형 펀드를 모집했다. 그런데 단기적으로는 그 시점이 지수의 천정이었다. 기준가 1만 엔에 모집

한 펀드가 3년이 지난 2003년 4월에는 4,000엔대까지 떨어졌
다. 당연한 결과지만 장미빛 시황 전망을 믿고 투자한 개인투자
자들은 큰 손해를 보았다.

다시 말하지만, 선진국의 투자자들은 우리보다 먼저 이런 경
험을 했기 때문에 포트폴리오 투자를 하는 것이다. 주가가 오를
것 같으니까 주식형 펀드를 사고 주가가 떨어질 것 같으니까 팔
아버리는 식으로 투자하지 않는다. 그들은 자신의 생애설계에
맞는 펀드 포트폴리오를 짠 뒤 정기적으로 이 포트폴리오를 재
조정하고, 자신의 형편이 바뀌었을 때는 포트폴리오를 다시 배
분하는 방식으로 투자를 한다.

적립식 펀드투자로 목돈을 마련하라 8

최근 들어 적립식 펀드투자가 화제를 모으고 있다. 저금리 시대를 맞이해 예금금리보다 조금이라도 더 높은 수익이 기대되면서 안정성도 어느 정도 겸비된 투자상품을 찾는 사람들이 그만큼 늘고 있다는 증거이다. 이런 분위기를 반영해서인지 증권회사와 은행들도 적립식 펀드 판매 캠페인을 벌이는 등 고객유치에 매우 열심이다.

적립식 펀드투자란 투자신탁 수익증권(이것을 일반적으로 펀드라고 부른다)을 목돈으로 한꺼번에 매입하지 않고 은행에 적금을 붓듯이 매월 일정금액씩 매입해 나가는 투자방법이다.

적립식 펀드투자 방법에는 두 가지가 있다. 투자기간 및 금액을 정하지 않고 임으로 투자하는 임의 적립식 투자와 투자기간

또는 금액을 미리 정해 놓고 투자하는 목적 적립식 투자가 그것
이다.

적립식 투자대상으로는 최근에 유행하는 'ㅇ억 만들기 펀드'
처럼 적립식 투자를 위해 따로 만들어진 펀드뿐 아니라 이미 판
매되고 있는 일반펀드도 가능하다. 후자의 경우는 이미 나와 있
는 일반펀드 중에서 유망하다고 생각되는 펀드를 투자자 스스
로 골라 적립식으로 투자해 나가는 방법이다.

그렇다면 개인투자자 입장에서 볼 때 적립식 펀드투자가 가지
고 있는 메리트는 무엇일까?

첫째, 목돈이 없어도 투자가 가능하다는 점이다. 투자에는 자
산형성을 위한 투자와 자산운용을 위한 투자가 있다. 자산형성
이란 이제부터 시간을 두고 자산을 축적해 나가는 것을 말한다.
자산형성을 하려는 사람은 아직 수중에 운용할 만한 자산이 많
지 않기 때문에 이제부터 자산을 만들어 가려고 생각하는 사람
이다. 반면에 자산운용은 이미 어느 정도의 자산이 있어서 그것
을 어떻게 하면 더 늘리고 지켜나갈 것인가에 목적을 두고 투자
하는 방법이다. 따라서 적립식 펀드투자는 이제부터 자산형성을
해나가려고 하는 젊은 세대에게 맞는 투자방법이라 할 수 있다.

둘째, 시간분산투자의 일환이라는 점이다. 우리는 투자에 따
르는 위험을 회피하기 위해 분산투자를 한다. 분산투자에는 몇
개 종목에 나누어 투자하는 '종목분산투자' 와 투자시기를 나누
어서 투자하는 '시간분산투자' 가 있다. 매월 일정액씩 투자하는

적립식 펀드투자는 그 중에서 시간분산투자의 한 방법이라 할
수 있다. 매일매일 거르지 않고 20~30분씩 정기적으로 하는 운
동이 일주일에 한두 번 몰아서 하는 운동보다 우리 몸에 좋은 것
처럼 거액의 자금을 불규칙적으로 투자하는 것보다 정기적으로
일정액씩 시간분산투자를 하는 것이 성공확률이 높다고 할 수
있다.

셋째, 평균투자 단가를 싸게 할 수 있다는 점이다. 이것을 전
문용어로는 달러·코스트(dollar cost) 평균법이라 한다. 정해
진 간격으로 동일한 금액을 투자하게 되면 주가가 쌀 때는 많은
수량의 펀드를 살 수 있고 주가가 오르면 살 수 있는 펀드의 수
량이 줄어들게 된다. 이런 투자방법으로 펀드 한 단위당 평균
매입단가를 낮출 수 있다. 또한 시장의 매매타이밍, 다시 말하
면 언제 사서 언제 팔아야 되는지에도 신경쓸 필요가 없게 된
다. 적립식 투자의 가장 큰 메리트는 바로 이 달러·코스트 평
균법에 있다고 할 수 있다.

그렇다면 어떻게 해야 적립식 펀드투자에서 성공을 거둘 수
있을 것인가?

좋은 운용회사의 좋은 펀드를 골라 적립식 펀드투자를 시작한
후에는 단기적인 시황변동에 좌우되지 않고 당초에 계획했던 기
간 동안 꾸준히 투자를 계속해 나가는 것이 무엇보다 중요하다.

투자를 시작하고 몇 달이 지나서 운용결과를 평가해 보면 주
가가 떨어져 투자원금을 밑도는 경우도 발생할 수 있다. 이를

보고 놀라서 중도에 해약해 버리는 투자자도 많다. 그러나 이런 방식으로는 투자에 성공할 수 없다. 흔들림 없이 장기투자를 하는 것만이 성공의 지름길이다.

자녀의 투자교육은
어린이 펀드로

8

미국이나 유럽의 증권회사, 은행에 가면 어린이나 중고등학생을 대상으로 판매하는 투자신탁펀드를 쉽게 발견할 수 있다. 보통 칠드런 펀드(Children Fund) 또는 영 인베스터 펀드(Young Investor Fund)라고 부른다. 가입자격에 연령제한이 있는 것은 아니지만 중학생에 해당하는 11세부터 14세까지가 가입자의 중심을 이루고 있다.

이들 펀드는 운용성적도 성적이지만 학생 투자자들에게 한 달에 한 번씩 발송하는 팸플릿의 내용이 매우 흥미롭다. 이 펀드가 투자하고 있는 기업, 예를 들어 코카콜라, 맥도날드, 월드 디즈니랜드와 같은 유명 회사의 내용 소개, 사장 인터뷰, 퍼즐, 에세이 경시대회 결과 등에 대한 내용이 재미있게 실려있는 것이다. 학생들은 이 자료를 통해 증권시장과 투신상품에 대해 자연스럽게 공부할 수 있도록 되어 있다. 때로는 이들 기업을 방문하는 행사도 마련하고 있다. 이 펀드가 어떻게 운용되고 있는지를 설명하는 운용보고서도 학생 독자를 의식해서 '어느 기업이 어떻게 돈을 벌고 있는가?', '지난 몇 달 동안 펀드 가격이 오른 이유는 무엇인가?' 등에 대해 아주 알기 쉽게 설명하고 있다.

펀드 구입자금은 부모나 조부모들이 내는 경우가 많다. 거액의 자금보다는 몇만 원, 몇십만 원씩을 적립식으로 투자하는 경우가 대부분이다. 펀드에 장기투자하여 대학입학등록금을 마련하는 한편, 자녀들에게 올바른 투자교육을 시키겠다는 생각으로 구입자금을 내고 있는 것이다.

투신운용사나 판매증권사, 판매은행 등도 이런 펀드를 통해 회사수익을 올리겠다는 생각보다는 미래의 고객을 발굴하고 교육시키겠다는 데 주안점을 두고 있다. 펀드투자를 통해 투자교육을 받은 학생들이 사회에 나오게 되면 자연스럽게 장기계획을 세워 노후대비를 위한 투자를 시작할 것이라고 보는 것이다.

우리나라에도 이런 방식의 적립식 펀드투자가 널리 보급되었으면 하는 마음이다.

제 4 장

제대로 된 운용회사,
확실하게 찾는 노하우

독립계 운용회사에 주목하라

이번 장에서는 포트폴리오에 들어갈 펀드를 고를 때 어떤 점에 주의를 해야 하는가에 대해 이야기해 보자. 어느 투신운용사가 운용하는 어떤 펀드를 고르느냐는 포트폴리오를 짜는 것 이상으로 중요하다.

펀드를 고를 때 판매회사(증권, 은행 등)만 보고 펀드를 운용하는 회사에 대해서는 신경쓰지 않는 투자자가 많다. 그러나 펀드의 운용성적은 운용회사에 달려 있다. 그렇다면 어떤 운용회사를 골라야 할 것인가? 결론부터 말하면 '독립계' 또는 독립적으로 경영이 이루어지는 운용회사의 펀드를 고르는 것이 성공확률이 높다.

내가 운용업무에 관심을 갖게 된 것은 1990년대 초였다. 대우

증권 국제부에서 한국주식에 운용하는 펀드를 해외에 설립하여 외국인 투자자로부터 모집한 자금을 국내의 투자자문사에 위탁 운용을 하면서부터였다. 그런데 부끄럽게도(당시의 시황 때문이기도 했지만), 이때 모집했던 펀드의 운용성적은 너무나 형편없었고, 나를 믿고 펀드를 매입한 외국인(주로 일본인) 투자자들은 큰 피해를 입었다. 운용사가 원망스럽기도 하고 답답한 마음에서 나는, 운용업의 본질이 무엇인가, 어떻게 하면 성공하는 운용회사가 될 수 있는가 등에 대해 나름대로 조사하고 그 결과를 언론에 발표하기도 했다. 이것이 계기가 되어 재벌계 투신운용사의 CEO를 맡아 우리나라의 투신운용비즈니스가 갖고 있는 문제점을 직접 체험하기도 했다. 이 과정에서 얻은 결론은 성공하는 운용회사는 독립계 운용사가 아니면 안 된다는 것이었다.

지금까지 세계적으로 성공한 운용회사의 경영구조는 오너회사이거나 파트너십 형태의 회사 또는 도제(徒弟) 형태의 회사가 대부분이었다. 운용업은 제조업이나 다른 금융업과는 달리 특히 개인의 창의성이 중요한 업종이기 때문일 것이다.

오너회사는 운용의 노하우를 가진 오너가 필요한 보조인력을 고용하여 운용하는 형태이다. 오너는 가족 또는 관계자에게 세습되는 것이 보통이다. 파트너십 형태의 회사는 두 명 또는 수십 명의 파트너에 의해 운용되는 형태인데, 이때에도 물론 중심이 되는 파트너가 있다. 높은 실적을 올린 영업사원, 펀드매니저, 애널리스트 등이 파트너로 승격되는 경우도 많은데, 이때는 대부분 무의결권 우선주를 받아 회사의 이익배당에만 참가할 뿐 경영에는 참가하지 않는다. 오너 형태와 파트너십 형태는 미국의 운용회사들이 많이 취하고 있는 유형이다. 이에 반해 도제 형태의 운용회사는 유럽에 많은데, 이는 운용의 노하우를 가진 사람이 제자를 데리고 회사를 운영하다가 은퇴를 할 때 그 중 몇몇의 수제자에게만 노하우를 전수시켜 주거나 독립된 운용회사를 만들어 분가하게끔 하는 형태다.

결국 이상의 세 가지 유형에서 알 수 있듯이 성공한 운용회사는 운용철학 또는 운용의 노하우가 사람에서 사람으로 전수되어 간다는 것이다. 물론 피델리티나 템플턴 등과 같은 세계 일류의 대형 운용회사는 규모나 조직면에서 오너회사나 파트너십 회사라고 보기 어려운 측면도 있다. 그러나 이들 회사는 모두 오너회사 또는 파트너십 회사 형태로 출발했으며 지금도 대기업이기는 하지만 운용철학이나 노하우의 축적 및 전수과정을 보면 이상의 세 가지 형태 중 어느 한 가지 유형에 속하고 있음을 알 수 있다.

물론 예외의 경우도 없지는 않다. 미국의 뱅거드 또는 로젠버그는 수학과 컴퓨터를 이용한 시스템 운용으로 성공한 사례다. 이런 회사는 은행 계열의 운용회사에 많은데, 대부분 컴퓨터 시스템을 이용한 운용모델로 경쟁을 하며 운용수수료율도 상상할 수 없을 만큼 낮은 율을 적용한다. 이러한 예외의 경우를 제외하면 특별한 운용철학이나 노하우를 갖지 않은 채 샐러리맨 경영자에 의해 설립된 운용회사가 성공한 사례는 거의 없다고 해도 과언이 아니다.

몇 년 전 미국 로스앤젤레스와 일본 도쿄에 있는 중소형 운용회사를 방문하고 충격을 받은 일이 있다. 두 회사 모두 서울로 치면 분당 정도의 변두리에 있는 허름한 사무실에 직원 서너 명이 다인 회사였다. 그런데도 거액의 펀드를 운용하고 있을 뿐 아니라 나름대로 훌륭한 운용철학과 운용시스템을 갖고 있었다.

미국에는 백화점식으로 모든 스타일의 운용업무를 하는 대형 운용사부터 자기만의 독특한 스타일로 운용을 하는 부틱하우스에 이르기까지 2만 5,000여 개의 운용사가 있다. 이렇게 많은 운용회사가 있는 것은 신고만으로 쉽게 설립할 수 있기 때문이다. 투신운용사와 투자자문사의 구별은 없고 일정조건을 갖춘 운용사들은 펀드와 자문계약을 하여 자유롭게 투신운용 업무에도 참가하고 있다. 3~4명의 인원, 수천만 원 정도의 적은 자본금 규모로도 자기 분야에서만은 세계적인 경쟁력을 자랑하는 운용사들도 많다. 이런 소규모 회사로 출발하여 피델리티나 캐피탈과 같은 세계적인 운용회사로 성장하기도 하고, 규모는 작지만 특색 있는 전문 운용회사로 일관하는 회사도 있다.

그런데 우리나라의 운용회사들은 어떠한가? 투신운용사 설립의 자본금 요건을 100억 원 이상으로 하는 등 진입장벽이 너무 높기 때문에 대부분의 운용사들은 대기업 그룹의 계열사거나 금융기관(은행, 보험, 증권 등)의 자회사다. 그것도 모회사의 필요에 의해 설립된 경우가 많고, 필요한 인원을 모회사에서 비슷한 업무를 하던 사람을 데려오거나 외부에서 스카우트한 사람으로 구색만 갖춰 설립하다 보니 운용사에게 가장 필요한 운용철학이 제대로 정립되어 있을 리가 없다. 이는 '운용업'을 자본금과 사무실과 사람만 모아 놓으면 간단히 할 수 있는 '업'으로 착각하고 있기 때문이다.

운용회사에서 가장 중요한 것은 운용철학이고, 이를 뒷받침하는 것이 운용시스템이다. 운용시스템이 구축되어 일정 기간(일반적으로 3년)의 운용성적이 나오면 이를 외부의 운용평가기관이 평가를 내린다. 투자자는 운용회사의 자기 PR광고가 아니라 제3자의 평가기관이 내리는 평가기록을 보고 투자를 한다. 이것이 선진국에서 보는 운용회사와 투자자의 관계다.

그러나 우리나라 대부분의 운용회사는 조직에 뿌리내린 운용철학을 갖고 있지도 않고 '장기간의 운용성적에 대한 기록'도 없다. 따라서 운용평가기관으로부터 평가를 받지 못한다. 이러니 영업은 과대광고와 스타 매니저를 앞세운 마케팅전략에 의존할 수밖에 없는 것이다. 그나마 모회사의 필요에 의해 수시로 경영자와 펀드매니저가 바뀐다. 바뀔 때마다 새로 맡은 사람은 과거를 무시하고 새로 판을 짜서 다시 시작한다. 이런 운용회사에게 일관성 있는 운용철학과 운용시스템을 기대할 수는 없다. 독립계 운용회사에 주목해야 할 이유가 바로 여기에 있다.

개인을 위한 투신운용사를 키워라 2

2002년 9월 초 도쿄 출장중에 일본의 개인투자자 전문 투신운용사인 사와카미 투신운용의 사와카미 사장을 만났다. 그에게서 들은 이야기를 대략 정리해 본다.

개인투자자 특히 샐러리맨 가정의 장기 재산형성을 도와드리는 투신운용사가 되는 것이 우리 회사의 경영이념입니다. 투자신탁이란 원래 개인을 위해 존재하는 것이라고 생각하기 때문입니다.

3년 전(1999년) 8월에 487명의 개인투자자 고객과 함께 16억 3,000만 엔(약 163억 원)으로 출발했는데, 금년 8월 말 현재 고객은 3만2,565명, 운용자산은 362억 엔(약 3,620억 원)으로 늘어났

습니다. 1인당 투자금액은 약 111만 엔인 셈입니다. 펀드는 주식형 수익증권(사와카미펀드) 한 개뿐입니다. 우리 회사에 대한 평가가 높아지면서 모 연금기금 등 기관투자자로부터 별도의 펀드를 만들어 운용해 달라는 요청도 있었습니다만 현재 운용중인 펀드를 구입하는 것은 몰라도 별도의 펀드를 만들 수는 없다고 거절했습니다. 개인투자자를 위한 투신운용사가 되겠다는 투자자와의 약속을 지키고 싶었습니다.

펀드의 기준가격은 3년 전에 1만 엔으로 출발했는데 금년 8월 말 현재 9,420엔으로 액면을 5.8%나 밑돌고 있습니다. 그 동안 일본의 주식시장이 공황에 가까운 침체가 계속되어온 탓이라고는 하지만 참으로 부끄러운 결과가 아닐 수 없습니다. 우리는 지수(벤치마크) 대비로 운용을 잘했다는 식의 말씀은 드리고 싶지 않습니다. 샐러리맨 가정의 소중한 자산을 운용하려면 장기간에 걸쳐 꾸준히 자산이 늘어나는 운용을 해야 한다고 생각하기 때문입니다.

현재 펀드에 투자되어 있는 종목은 일본이 망해도 살아남을 수 있는 기업의 주식이 대부분입니다. 따라서 현재와 같은 어려운 국면만 지나면 크게 주가가 오를 수 있다고 확신하고 있습니다.

다행히 우리 펀드에 투자하고 계시는 고객분들은 10년, 20년 노후대비를 위해 장기투자를 하시는 분들입니다. 매월 은행이나 우편국을 통해 펀드를 적립식으로 자동 구입하시는 고객이 65%를 차지하고 있습니다. 연령적으로도 30~40대가 60% 이상을 차지하고 있습니다.

우리가 운용하는 펀드에 투자한다는 것은 우리와 함께 '장기운용'이라는 항해를 하는 것과 같습니다. 우리와 함께 '장기운용'의 항해를 하기 위해서는 우리와 뜻을 같이 하지 않으면 안됩니다. 따라서 매일매일 일어나는 일에 기뻐하고 슬퍼한다든가 눈앞의 실적에 연연하는 고객은 배의 진행을 방해할 뿐 아니라 다른 승객에게도 피해를 주기 때문에 승선하지 말 것을 권하고 있습니다.

우리는 고객자금의 양보다 질을 중시합니다. 펀드 구입자금의 순도가 높으면 그만큼 장기운용에 전념할 수 있기 때문입니다. 장기적으로 느긋하게 마음을 먹고 제대로 운용하면 운용성적은 자연히 올라가게 되어 있습니다. 좋은 운용성적은 투자자인 고객과 운용회사의 공동작업으로만 가능한 것입니다. 이것이 바로 제대로 된 투자신탁의 모습입니다.

우리는 영업활동이나 광고선전도 일체 하지 않습니다. 운용성적만 좋으면 입에서 입으로 선전이 되고 고객이 스스로 찾아온다고 믿고 있습니다.

우리 회사의 존재가 어느 정도 외부에 알려지면서 국내외로부터 우리 회사에 자본참여를 하겠다는 제안이 여러 번 있었습니다만 우리는 이를 거절했습니다. 외부 출자를 받아들이면 단기 경영성과를 올려 그들의 기대에 부응해야 하므로 개인을 위한 투신운용사의 경영이념을 지켜가기가 어렵기 때문입니다.

그 동안 적자를 내면서 많은 고생을 해왔지만 우리는 우리 회사의 펀드가 멀지 않은 장래에 미국의 '마젤란펀드'와 같은 대형 펀드로 성장할 것이고, 회사의 가치도 그만큼 커져서 우리가 노력해온 만큼의 보상을 충분히 받을 수 있다고 믿고 있습니다.

이 회사는 자본금 2억 엔(20억 원), 운용자산 360억 엔(약 3,600억 원)의 소형 운용사에 지나지 않지만 일본에서 크게 각광받기 시작한 투신운용사의 하나이다. 명확한 경영이념, 운용철학을 투자자들이 인정하기 시작했던 것이다.

2004년 4월에 이 회사를 방문하여 다시 사와카미 사장을 만났을 때는 5년 가까이 고생을 하며 일관성 있게 운용철학을 지켜온 덕분에 투자자가 4만600명, 운용자산은 730억 엔(약 7,300억 원)으로 늘어 경영이 흑자로 돌아섰고, 사무실도 조금 넓혔다면서 좋아하는 모습을 볼 수 있었다.

자산운용 분야에서는 결코 선진국이라고 할 수 없는 일본에서 이런 특색 있는 투신운용사가 출현하고 있었던 것은 몇 년 전부터 진입장벽에 대한 규제를 완화했기 때문이다. 우리 투신운용 업계에도 이런 신념을 가진 운용전문가가 활약할 수 있으려면 하루 빨리 규제가 완화되어야 할 것이다.

과거 운용성적을
너무 믿지 마라

3

펀드투자에 성공하기 위해서는 펀드를 운용하는 회사의 선택이 중요한데, 그 선택이 말처럼 쉽지 않다. 운용회사의 내부를 직접 살펴볼 수 없는 일반투자자의 경우에는 투신평가회사의 자료를 참고할 수밖에 없고, 이들 평가자료는 대부분 과거 성적을 기초로 하기 때문이다. 이들은 같은 유형의 펀드 가운데 과거 1~3년간의 운용성적 순위 또는 별 다섯 개 만점 중 몇 개 등으로 펀드등급을 표시하고 있다. 제대로 된 운용철학을 갖고 있는지, 펀드매니저가 바뀔 경우 운용방침의 연속성을 확보할 수 있는 시스템은 구축되어 있는지 등의 내부구조적인 요소는 제대로 반영되지 못하고 있는 것이다.

따라서 이러한 평가자료에서 높은 점수를 받은 펀드라 해도 그 펀드에 투자하면 틀림없이 좋은 운용성적을 얻을 수 있다는 보증은 없다. 그런데도 투자자들은 대부분 이 과거 성적표를 보고 투자하는 경우가 많다. 펀드 선진국이라고 하는 미국에서도 투신시장에 유입되는 자금의 80% 정도는 별 다섯 또는 별 넷으로 표시된 펀드에 유입되고 있다고 한다. 그러고 나서 별 다섯의 펀드에 투자했는데 손해를 봤다고 불평하는 투자자가 많다는 것이다.

그러나 펀드평가는 호텔이나 레스토랑의 등급과는 다르다. 호텔·레스토랑의 경우에는 평가자의 주관에 따라 등급이 결정되기 쉽다. 그렇지만 높은 등급의 호텔·레스토랑에 가면 훌륭한 서비스와 맛있는 음식을 먹을 수 있는 확률이 매우 높은 것 또한 사실이다. 이에 비해 펀드에 대한 평가는 기본적으로 과거의 운용성적을 객관적으로 순서를 매겨 간단한 부호로 표시하고 있을 뿐이다.

따라서 펀드평가회사는 실력이 없어서 좋은 운용성적을 내지 못한 운용회사와, 실력은 있는데 운이 나빠서 일정 기간만으로는 좋은 성적을 내지 못한 운용회사를 구별해 내기 위해 노력한다. 또한 장래에 뛰어난 운용성적을 만들어낼 만한 실력을 갖추고 있는 운용회사와, 단지 운이 좋아서 일시적으로 좋은 성적을 낸 운용회사를 구별해 내기 위해 끊임없이 노력한다.

평가대상 운용회사의 주주 구성으로 볼 때 운용의 독립성과 일관성을 지켜나갈 수 있겠는가, 제대로 된 운용철학을 갖고 있

는가, 운용조직은 안정적인가, 위험관리 시스템은 구비되어 있
는가, 최고경영자 · 운용본부장 · 펀드매니저의 실력은 어떤가
등을 파악하여 '정성평가' 자료를 만들어 내고 있는 것이다.

그런데 이러한 정성평가 자료는 일반투자자가 구하기도 어려
울 뿐더러 구한다 하더라도 그 내용을 이해하기가 쉽지 않다.
결국 그 내용을 알기 위해서는 실력있는 FP의 도움을 받지 않
으면 안 되는 것이다.

수수료 체계를
꼼꼼히 살펴라

일 년 전에 설정된 같은 유형의 주식형 펀드 A, B가 있다고 가정해 보자.

펀드에 투자하는 데 드는 수수료(판매수수료, 운용수수료, 보관수수료의 합계)는 A펀드가 연율 2%, B펀드는 연율 1%로 펀드의 운용자산에서 자동적으로 지불된다. 1년이 지나 수수료를 뺀 순운용수익률이 A펀드는 15%, B펀드는 12%를 기록했다고 가정해 보자. 참고로 지난 1년 동안의 종합주가지수 상승률은 10%였다.

그렇다면 지금부터 신규로 펀드를 매입하려는 투자자는 A, B 두 펀드 중 어느 펀드를 선택하는 것이 좋을까? 우리나라의 투자자들에게는 의외로 받아들여질지 모르지만 대부분의 미국 투자자들은 이 경우에 B펀드를 선택한다고 한다. 어떤 근거로 이런 선택을 하는 것일까? 그 근거는 이렇다.

수수료를 지불하기 전의 운용성적은 A펀드가 17%, B펀드가 13%로 지수대비 초과수익률은 각각 +7%, +3%이다. A펀드의 성적이 매우 뛰어나지만 B펀드도 결코 만만치 않은 성적이다.

문제는 앞으로의 운용성적이다. 그런데 지난해의 운용성적만 보고 앞으로도 A펀드가 B펀드보다 훨씬 더 높은 수익률을 낼 거라고 단정지을 수는 없다. 앞으로의 기대수익률에 대해서는 잘 모르겠다고 생각하거나 비슷한 수준일 것이라고 판단하는 게 무난할 것이다.

따라서 불확실한 수익률의 차이보다는 양 펀드가 확실하게 지불해야 하는 '수수료의 차이'가 결정적인 요인이 된다. '확실한 차이'는 있을지 없을지 모르는 '불확실한 차이'보다 의사결정에서 더 중요한 비중을 차지한다는 것이 미국 투자자들의 판단 기준이다. 그만큼 수수료 체계에 민감하다는 뜻이다.

처음 펀드를 구입할 때 내는 수수료는 상담에 대한 대가로 생각하고 투자금액이 소액인 경우에는 5~6%까지도 기꺼이 지불하지만 매년 일정 비율씩 지불하는 수수료는 꼼꼼히 체크를 한다. 운용성과에 미치는 영향이 그만큼 크다고 보는 것이다.

그런 면에서 우리나라의 투자자들은 수수료 체계에 대해 그다지 관심이 없는 것 같다. 우선 수수료가 운용자산에서 자동적으로 빠져나가기 때문에 수수료율이 높은지 낮은지에 감이 없다. 수수료율이 다소 높다 하더라도 시황 전망에 따라 몇 개월 지나

면 환매할 것이기 때문에 그 기간 동안의 수수료는 그리 큰 부담
이 안 된다고 생각하는지도 모른다. 주가가 조금만 오르면
1~2%의 수수료 차이는 별 것이 아니라고 생각할 수도 있다. 그
러나 투자목적이 노후대비나 학자금 마련과 같은 장기투자에
있다면 매년 1~2%의 수수료율 차이가 운용성과에 미치는 영향
은 결코 만만치 않다. 수수료 체계는 꼼꼼히 살펴볼 필요가 있
는 것이다.

매매비용이
큰 펀드는 **피하라**

지난 2003년 3월부터 2004년 3월까지 나는 펀드 관련 방송 프로그램을 진행하면서 50여 개의 펀드를 평가할 기회를 가졌다. 짧은 시간 안에 펀드를 평가하여 점수를 매긴다는 것이 어려운 작업이기는 했지만 우리 투신시장에 출시되어 있는 펀드들의 특징을 살펴볼 수 있는 좋은 기회이기도 했다.

특히 펀드투자와 관련된 비용면에서 외국 펀드와 국내 펀드를 비교해 보면, 국내 펀드는 펀드를 매입할 때 내는 선취수수료는 아예 없거나 그 비율이 매우 낮은 대신 매년 내는 수수료가 상대적으로 비싼 펀드들이 많았다. 심한 경우 매년 내는 수수료가 3% 이상인 주식형 펀드도 있었다. 그런데도 투자자들은 선취수수료가 없고 매년 내는 수수료는 고율이지만 펀드자산에서 자동적으로 빠져나가기 때문에 그다지 부담으로 생각하고 있는 것 같지 않았다.

그러나 전에도 언급한 바 있지만 몇 개월 정도 투자했다가 해약하는 투자자에게는 별로 부담이 되지 않을지 모르지만 5년, 10년 장기로 투자하는 투자자에게는 운용결과에 매우 큰 부담으로 작용한다는 점을 명심할 필요가 있다.

또 하나 주의해서 살펴보아야 할 것은 펀드를 운용하는 데 소요되는 매매비용이다. 특히 주식형 펀드의 매매비용은 꼼꼼히 살펴볼 필요가 있다.

내가 평가한 주식형 펀드 중에는 회전율이 연간 700~800%(1년 동안 평균 7~8회 사고팔았다는 뜻)에 이를 정도로 편입된 주식을 자주 매매하는 펀드가 있었다. 반면에 회전율이 40%(연평균 0.4회 사고팔았다는 뜻) 이하로, 한번 종목을 편입시키면 거의 매매를 하지 않는 펀드도 있었다.

물론 운용대상 종목의 매매를 자주하는 펀드라고 해서 꼭 문제있는 펀드라고 말할 수는 없다. 그만큼 시황에 민첩하게 대응하는 펀드라고 할 수도 있다. 그런데 문제는 이들 펀드 대부분이 '내재된 가치에 비해 저평가되어 있는 종목을 사서 제값을 받을 때까지 기다린다는 자세로 투자하겠다' 는 운용철학을 내걸고 있다는 점이다. 그런 운용철학이라면서 1년에도 몇 번씩 사고팔 수 있는 것인가? 과연 제대로 기업 방문을 하여 저평가된 종목을 고른 것인가? 펀드를 운용하는 투신운용사의 운용 자세에 의문을 갖지 않을 수 없다.

해외 운용회사의 경우에는 매매비용을 줄이기 위해 많은 노력을 한다. 특별한 목적을 가진 펀드가 아니면 매매 회전율이 100%를 넘는 경우를 찾아보기 힘들다. 편입된 종목은 어차피 몇 년씩 보유할 것이기 때문에 믿을 만한 기관투자자에게 빌려주고 빌려준 값(대주료)을 받아서 매매비용을 줄이려는 노력을 하는 펀드도 많다.

우리나라의 경우에는 제도적인 문제 때문에 이 정도까지는 어렵겠지만, 그렇더라도 펀드 운용비용을 아끼려고 노력하는 펀드인지를 따져보아야 할 것이다.

몇 년 전에 상장기업 오너경영자로부터 자산관리와 관련된 조언을 해줄 사람을 소개해 달라는 부탁을 받았었다.

어느 날 그는 종합건강진단을 받다가 갑자기 몸의 건강진단 뿐 아니라 자신의 자산관리에 대해서도 진단을 받아보면 어떨까 하는 생각이 들었다고 한다. 자기가 갖고 있는 주식, 채권, 현금 등의 금융자산은 물론, 부동산을 포함한 실물자산과 은행부채 등에 대해서까지도 면밀히 분석한 뒤 매월의 소득과 지출을 감안하여 현재의 자산구성을 어떻게 바꾸어가면 좋을지에 대해 자문해줄 전문가가 있으면 좋겠다는 것이었다.

그는 이 사람 저 사람 관계분야의 전문가를 떠올리며 적당한 사람을 물색해 보았다. 그러나 마땅한 사람이 떠오르지 않았다.

부동산이나 주식 등의 어느 한 분야에 대해 전문지식을 갖고 있는 사람은 많았지만 이를 종합해서 분석하고 조언해줄 만한 사람은 흔치 않았던 것이다.

혼자서 모든 분야에 대해 전문적인 지식을 갖고 있을 필요는 없지만 다른 전문가의 협력을 받아서라도 종합적인 조언을 해줄 수 있는 능력은 있어야 한다. 또한 전문지식 못지않게 중요한 것은 비밀유지다. 고객이 자문을 받으려면 자신의 보유자산 내역을 전부 공개해야 한다. 따라서 고객으로부터 신뢰받을 수 있어야 한다. 그러나 당시만 해도 이런 요건들을 모두 갖춘 전문가를 찾아 소개하기가 쉽지 않았다. FP(Financial Planner), FA(Financial Advisor), FC(Financial Consultant) 등의 명함을 가진 금융기관 직원들은 많지만 이들이 금융상품을 종합해서 조언해 주는 경우는 거의 없었고, 어느 특정 상품만을 전담 판매하는 경우가 대부분이었던 것이다. 은행이나 증권회사의 인사정책이 종합적인 상담능력을 키우기 어렵게 되어 있었던 탓이다.

그러나 2~3년 전부터 크게 달라졌다. 은행에서 투신상품과 보험상품을 판매할 수 있게 되고 증권사 또한 자산관리형 영업을 강화하면서 실력있는 FP들을 양성하기 시작했던 것이다. 그 영향으로 금융상품과 부동산뿐 아니라 금융상품 관련 세제, 상속세제 등에 이르기까지 자산관리와 관련된 것이라면 모든 분야에 대해 상담할 수 있는 FP들이 늘고 있다. 자산관리 분야의 전문성을 키워가기 위해 FP연구모임을 조직하여 열심히 공부하고 있는 FP들도 많다.

몸이 아플 때 주치의가 필요한 것처럼 FP는 자산운용의 주치의라고 할 수 있다. 일반투자자들이 자산운용에 성공하려면 실력있고 믿을 만한 FP를 만나는 것이 무엇보다도 중요하다. 이제는 투자자들이 거래은행이나 증권회사를 고를 때 그 회사의 규모와 간판보다는 우수한 FP가 있는지, 그리고 서비스의 내용은 어떠한지를 보고 판단해야 하는 시대이다.

최근 들어 은행, 증권회사 등에서 '영업' 이라는 직명 대신에 FP 또는 PB(Private Banker)라고 불리는 직원들이 늘고 있다. 그러나 이들 모두가 '자산운용의 주치의' 라고 할 만큼 실력 있고 신뢰할 만한 전문가인지는 의문이다. 금융과 관련된 지식뿐 아니라 고객과의 커뮤니케이션 능력을 갖추는 게 쉽지 않기 때문이다.

따라서 다음 몇 가지의 체크 포인트를 가지고 실력파 FP를 선별할 필요가 있다.

■ 갑작스런 상담에도 대응해 주는가

살다 보면 갑작스런 사태가 발생할 수 있다. 큰 돈이 생길 수도 있고 크게 손해 보는 경우도 있을 수 있다. 또한 자산운용계획을 근본적으로 바꿀 필요는 없다 하더라도 다소 수정해야 할 일이 생길 수도 있다. 이런 때에 부담 없이 연락하여 상담할 수 있는 FP인지를 살펴봐야 한다.

■ 시간을 들여 고객을 이해하려고 하는가

자산운용의 어드바이스를 받으려면 투자자 자신의 개인적인 사정을 자세히 이야기해야 하지만 처음부터 그러기는 쉽지 않다. 시간이 필요한 것이다.

그런데 처음 만나서부터 성급하게 이것저것 개인적인 사정을 질문하는 FP가 있다면, 이는 인간관계의 기본을 잘 모르고 있다는 증거다. 이런 FP는 피하는 게 좋다. 물론 신뢰할 만한 FP라고 판단된다면 FP의 질문에 대해 솔직하게 대답하는 것이 자산운용에 도움이 될 것이다.

■ 고객의 생각을 자연스럽게 끌어내려고 하는가

만나자마자 "재산이 얼마나 되지요?", "자산형성의 목표는 무엇인가요?"라고 묻는 FP가 있다면, 이 또한 훌륭한 FP라고 할 수 없다. 자연스럽게 신뢰관계를 쌓아가면서 시간을 들여 고객의 생각을 끌어낼 수 있는 FP가 훌륭한 FP이다.

■ 고객 입장에서 조언을 하는가

"손님의 인생관에는 문제가 있는데요?"

　이런 식으로 설교를 하려고 하는 FP가 있다면 이 또한 피해야
한다. FP는 자산형성의 조언자이지 고객의 인생관을 평가할 입
장에 있는 사람은 아니다.

　물론 불가능한 고객의 요구에는 불가능하다고 확실하게 대답
해야 하지만, 어디까지나 고객 입장에서 조언해 주어야 하는 것
이다.

■ 자신의 방법을 알기 쉽게 설명할 수 있는가

　FP는 자신의 투자이념, 운용방법 등을 고객의 눈높이에 맞추
어 알기 쉽게 설명해 줄 수 있어야 한다. 난해한 용어만 늘어놓
는 FP를 인내하면서 상대할 필요는 없다.

■ 말과 행동이 일치하고 있는가

　가끔 보면 고객에게는 그럴 듯한 투자이념을 늘어놓으면서 자
신은 딴짓을 하는 FP가 있다. 이 또한 믿고 맡길 수 있는 FP라
고 할 수 없다.

세 살 투자교육
여든까지 간다

투자자를 위한
교육이 급선무다

2003년 초, 일본의 투자교육 현장을 돌아볼 기회가 있었다. 최근 국내에는 투자교육에 대한 관심이 높아지고 있는데 우리보다 3~4년 전부터 투자교육 붐이 일었던 일본의 실상은 어떤지를 살펴보고 참고가 될 만한 자료와 아이디어를 얻기 위함이었다.

방문한 곳은 증권업협회, 투자신탁협회 등의 증권 관계기관이 후원하는 투자교육기관, 대형 증권사 계열 교육기관, 영리를 목적으로 하는 투자교육업체, 증권계 OB들이 주축이 되어 운영하고 있는 비영리 투자교육단체(NPO; Non Profit Organization) 등이었다. 방문기관마다 성격은 달랐지만 모두들 사명감을 갖고 정열적으로 애쓰고 있는 것이 매우 인상적이었다. 특히 나이 많은 증권계 OB들이 모여 헌신적으로 NPO활동을 하는 모습은 참으로 감동적이었다.

그런데 일본의 이러한 투자교육활동에 대해 비판적인 시각도 많았다. 일본의 투자교육은 은행예금에 절반 이상 들어가 있는 가계금융자산을 주식, 채권, 수익증권과 같은 투자상품으로 유치하기 위한 수단으로만 생각되고 있다는 비판이었다. 국민을 위한 투자교육이라기보다는 정책당국의 정책목표 달성 또는 증권업계의 이익실현을 위한 투자교육이 아니냐는 비판이다. 투자교육 관련자들이 투자교육의 참뜻을 이해하고 있지 않다는 것이다.

증권계 OB들의 NPO활동 또한 그 열의에는 경의를 표할 만하지만 몇십 년 동안 주식 회전율 영업을 전문으로 해온 사람들이 어떻게 제대로 된 투자교육을 할 수 있겠느냐는 것이었다. 따라서 일본의 투자교육은 우선 어떤 내용을 교육시켜야 할 것인가에 대한 진지한 논의와, 제대로 된 투자교육을 할 수 있는 강사 양성이 다른 무엇보다도 시급하다고 했다.

일본의 투자교육에 대한 이런 비판들은 우리나라의 투자교육에도 시사하는 바가 크다. 최근 들어 우리나라에서도 투자교육(경제교육)에 대한 관심이 높아지고 있는 것은 매우 고무적인 현상이다. 관계당국, 증권·금융업계는 물론 언론에서도 투자교육에 대한 보도를 크게 늘리고 있다. 비록 주식시장이 침체국면에서 벗어나지 못하고는 있지만 질적인 면에서는 많은 발전을 보이고 있다는 증거가 아닌가 생각된다.

다만 우리나라의 투자교육도 내용면에서 문제가 없는지 한번쯤 되짚어볼 필요는 있다. 아직도 투자교육을 단순히 돈 버는 방법에 대한 지식을 배우는 정도로 생각하고 있지는 않은지, 대학에서 유행하고 있는 주식투자게임 같은 것도 단기 머니게임으로 인식되어 있지는 않은지 등 근본적인 문제에 대한 검토가 필요하다.

가장 시급한 것은 저축과 투자의 차이를 이해시키는 것이다. 앞에서도 말했지만 저축은 아껴서 모으는 것이고 투자는 가능성을 보고 자금을 투하하는 것이다. 이러한 상반된 개념을 갖고 있는 단어를 같이 붙여 '증권저축' 이라고 하는 것은 엄연히 잘못된 것이다. 그런데도 정책당국자나 관련업계에서는 증권저축이라는 용어를 습관적으로 사용하고 있는 형편이다.

소득수준의 향상과 가계의 금융자산 선택이 어떤 상관관계에 있는지도 이해시킬 필요가 있다. 일반적으로 소득수준이 높아지면 가계의 금융자산 선택은 저위험 · 저수익 상품에서 중간위험 · 중간수익 상품을 거쳐 고위험 · 고수익 상품으로 옮겨가게 되어 있다.

그러나 우리나라의 경우에는 저위험 · 저수익 상품에서 바로 고위험 · 고수익 상품으로 옮겨가는 경향이 강하다. 따라서 그 이유가 무엇이며, 왜 이를 개선해야 하는가를 이해시켜야 할 것이다.

우리나라에서 장기투자를 해야 성공한다고 생각하는 투자자는 그리 많지 않다. 타이밍에 맞게 샀다가 떨어지기 직전에 재빨리 팔고 나와야 투자에 성공할 수 있다고 생각하는 투자자가 훨씬 많다. 반면에 구미 투자자의 자산운용에 대한 의식조사 결과를 보면, 주식처럼 수익률(따라서 가격) 변동위험이 있는 금융상품은 장기간 보유해야 하고 예금처럼 수익률이 확정된 상품은 단기로 운용해야 한다고 생각하는 투자자가 절반 이상을 차지한다.

따라서 위험이 수반되는 금융상품은 왜 장기로 투자해야 하는지, 분산투자는 왜 필요한지, 가계금융자산의 포트폴리오는 어떻게 짜야 되는지 등의 보다 근본적인 내용을 투자자들에게 쉽게 전달할 수 있는 방법을 연구할 필요가 있다. 또한 이런 내용을 교육시킬 수 있는 강사요원의 양성방안도 시급히 마련되어야 할 것이다.

투자교육이란

‘투자교육’에 대한 정의는 쓰는 사람에 따라 또는 강조하려는 내용에 따라 다르게 내려진다. 그런데 우리나라의 정책당국이나 권위있는 교육기관에서 ‘투자교육’에 대해 어떻게 정의해 놓고 있는지 그 사례를 찾아보려 했지만, 아직 발견하지 못했다.

따라서 일단은 투자교육을 ‘투자자가 자신의 장래설계에 맞추어 어떤 식으로 금융자산을 운용해 나가야 할 것인가를 판단할 수 있도록 경제·금융·투자관련 지식을 학습하는 활동’이라고 정의하기로 한다.

미국과 영국에서 발간된 투자교육 관련 자료를 살펴보면, ‘투자교육’이라는 용어보다는 ‘금융과 관련된 소비자교육’이라는 용어를 더 많이 사용하고 있다. ‘소비자교육’이라는 개념은 경

투자교육의 체계와 구조

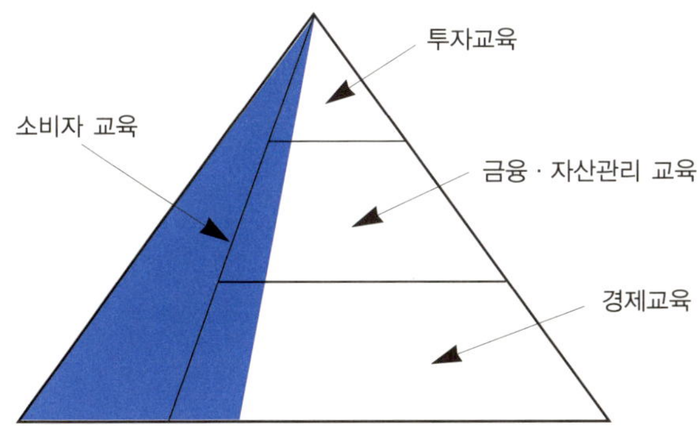

제 또는 금융의 모든 문제를 다루고 있지만 그 기본에는 '경제
교육'이 있고, 그 위에 '금융 · 자산관리 교육'이 있으며, 또 그
일부로서 '투자교육'이 있다는 생각이다. 따라서 소비자교육을
이해하기 위해서는 그 기본이 되는 경제교육을 받아야 한다. 경
제 · 금융교육을 통해 얻을 수 있는 지식체계를 구축해 나가지
않으면 안 되는 것이다.

소비자교육과 경제 · 금융교육의 체계와 구조는 학습과정 및
지식 · 이해의 축적 측면에서 볼 때 다음과 같은 피라미드 구조를
이루고 있다고 할 수 있다.

■ **소비자교육(Consumer Education)**

소비자교육은 일상생활에서 현명한 소비자가 되는 데 필요한
교육이다. 개인의 라이프스타일에 따라 달라지는 소비전략에
대해 적절한 판단을 할 수 있도록 하는 것이 소비자교육의 목적

인 것이다. 물론 여기에는 금전에 대한 가계관리 및 금융과 관련된 내용도 포함된다.

■ 경제교육(Economic Education)

경제교육이란 경제의 기본원리 · 원칙 및 경제시스템 등에 대한 이해를 통해 '경제에 관한 이해력' 을 높이기 위한 교육이다. 경제에 관한 이해력이란 말을 좀더 전문적으로 표현하면, '희소자원의 이용과 관련된 의사결정을 할 때 추론에 의해 판단을 내릴 수 있는 능력' 이라고 할 수 있다. 이 교육의 응용편에는 기업활동을 통해 경제를 배우는 기업가교육, 실업교육도 포함된다.

■ 금융 · 자산관리 교육(Financial Education)

금융 · 자산관리 교육이란 '돈' 에 대한 이해력을 높이기 위한 교육이다. 가계관리를 위한 교육이라고도 할 수 있으며, 파이낸셜 플래닝이 구체적인 교육내용 중의 하나이다. 초기의 금융 · 자산관리 교육은 자금관리의 부채 · 비용 측면에 해당하는 론, 크레디트 카드, 개인파산 문제 등이 중심이었는데, 최근 들어서는 자산 측면의 자금운용 또는 투자문제에 많은 부분을 할애하고 있다.

■ **투자교육(Investment Education)**

투자교육이란 금융상품 관련 지식이나 투자이론 등을 이해시키기 위한 교육이다. 취급하는 내용은 초보적인 수준에서부터 고도의 전문적인 수준에 이르기까지 광범위하다.

미국이나 영국의 학교교육 현장에서는 투자교육이라는 표현은 별로 사용하지 않고, 금융·자산관리 교육의 한 분야로 취급하고 있다. 미국의 확정갹출형 연금(401K)에서는 '가입자 투자교육'이라는 표현을 사용하고 있다.

■ **퍼스널 파이낸스 교육(Personal Financial Education)**

미국, 영국에서 많이 사용되고 있는 용어 중에 '퍼스널 파이낸스'가 있다. 개인의 가계관리와 관련된 저축, 자산운용(투자), 연금, 세금, 론, 보험, 노약자 간호, 상속 등의 다양한 내용을 다루는 분야다.

퍼스널 파이낸스 교육과 금융·자산관리 교육은 개념면에서 서로 중복되는 부분이 많다. 양자를 비교하면, 퍼스널 파이낸스라는 표현방법 쪽이 보다 적절하고 알기 쉽다는 견해가 지배적이다. 따라서 앞으로는 퍼스널 파이낸스라는 표현의 사용이 더 늘어날 것으로 예상된다.

3 지금은 저축시대가 아니라 **투자시대**

미국에서 투자교육이 활발하게 이루어지기 시작한 것은 1970년 대부터였고, 영국에서는 1990년대 들어서부터였다. 이것이 다시 4~5년 전부터는 일본에서, 최근에는 우리나라에서도 높은 관심을 모으고 있다. 그렇다면 우리나라에서는 왜 지금 투자교육이 관심대상이 되고 있는 것일까? 여기에는 저성장 · 저금리 · 고령 화라는 시대적인 배경이 관련되어 있다고 보아야 한다.

■ 저성장 · 저금리 · 고령화 사회

일반적으로 실물경제가 고성장을 보이고 가계금융자산의 축 적도 많지 않은 시기에는, 일반가계는 근로소득이 얼마나 늘어 나는가에 관심이 많고, 금융자산을 어떻게 운용하여 수익을 올리느냐에는 그다지 신경쓰지 않는다. 이 시기에는 여유자금이 생기면 대부분 고율의 금리와 원금이 보장되는 은행예금에 넣어둔다. 특별히 '투자' 에 대해 신경쓸 필요가 없는 것이다. 은행이 두 자릿수 안팎의 금리를 보장해 주기 때문이다.

그러나 경제가 저성장시대에 들어서면 사정은 달라진다. 우선 월급이 별로 늘지 않는다. 오히려 미국식의 영향을 받아 40대 중반 이후에는 줄어드는 임금구조가 될 가능성도 크다. 저성장은 또한 저금리와도 연결된다. 미국의 30년 만기 채권금리가 5% 안팎이고, 일본의 10년 만기 채권금리가 1.5% 안팎인 것을 감안하면 우리나라의 금리가 다시 두 자릿수로 올라간다는 것은 상상할 수 없다. 따라서 가계는 금융자산을 조금이라도 더 효율적으로 운용할 수 있는 투자상품을 찾지 않으면 안 된다. 노후에 대비하기 위해서지만 그 전이라도 생활비의 상당 부분을 그 동안 축적해온 금융자산의 운용수입에 의존해야 할 경우가 생길지도 모르기 때문이다.

인구구성의 고령화 또한 투자상품을 통한 가계금융 자산운용의 중요성을 더욱 더 크게 하고 있다. 고령화 사회의 심각성에 대해서는 앞에서 충분히 소개했으므로 고령화시대의 투자상품이 얼마나 중요한가를 감지할 수 있을 것이다.

■ 투자시대, 제대로 된 투자교육이 필요하다

자산운용의 이론을 보면 금리가 낮아지고 소득수준이 높아짐에 따라 가계는 여유자금의 운용대상을 저위험·저수익 금융상품에서 고위험·고수익 금융상품 쪽으로 비중을 높여가는 것으로 되어 있다. 소득수준이 낮을 때는 대부분 은행예금과 같은 저위험·저수익 상품에 운용한다. 그러다가 소득수준이 높아져서 어느 정도의 금융자산을 보유하게 되면 그 일부를 투자신탁 수익증권과 같은 중간 정도의 위험을 감수하고 중간 정도의 수익을 얻을 수 있는 상품에 운용하며, 소득이 더 많아지면 또 그 일부를 주식 파생상품과 같은 고위험·고수익 상품에 운용하게 된다.

그런데 현재 우리나라 정도의 소득수준, 금리수준에서는 중간위험·중간수익률 형태의 금융상품이 가장 중요한 역할을 한다. 어느 정도의 여유자금이 축적되어 있는데 고정금리 상품에만 투자하기에는 금리수준이 너무 낮다. 다소의 위험을 감수하더라도 어느 정도의 수익을 얻고 싶은데 개별기업의 주식이나 채권에 직접 투자하기에는 관련 지식이 너무 없다. 또한 본업이 있기 때문에 따로 연구할 시간도 없다. 따라서 전문가가 대신해서 각종의 주식이나 채권에 분산투자하여 투자위험을 완화시켜주고 어느 정도의 수익도 기대할 수 있는 간접투자 상품을 필요로 하는 것이다.

앞에서 우리나라와 일본의 가계금융자산은 80% 정도가 저축상품에 들어가 있는 반면에, 미국의 경우에는 70~80%가 투자상품에 들어가 있다고 말했다. 미국에서 은행예금은 가계금융자산운용의 대상이라기보다는 결제나 보관을 위한 상품이라고 할 수 있다. 바로 자산운용의 이론대로인 셈이다. 영국 등 유럽 각국의 가계자산 운용형태 또한 미국에 가깝다.

한편 같은 선진국임에도 일본의 가계금융 자산구성을 보면 미국과 거의 반대다. 일본은 금융자산 잔고만 세계 최고 수준일 뿐 아니라 1인당 GDP규모로 보아도 세계 최고 수준의 고소득국이다. 그런데도 자산운용의 형태는 고소득국의 이미지와는 거리가 멀다. 또한 이런 운용형태는 최근 몇 년간의 추이를 보아도 별다른 변화를 보이지 않고 있다.

선진국 일본의 가계금융자산 운용형태가 이렇게 개발도상국형이 되어 있는 것은 과거 수십 년 동안 지속되어온 금융구조의 영향이라 할 수 있다. 가계는 여유자금이 생기면 다른 생각을 할 필요가 없이 은행이나 우체국에 예금을 하고, 은행이나 우체국은 이 자금을 토대로 기업에 대출해 주는 간접 금융방식이 주류를 이뤄온 것이다.

그러나 간접 금융방식하에서는 운용수단이 제한을 받을 수밖에 없다. 극단적으로 말하면 예금·저금이나 주식밖에 운용대상이 없다. 중간 형태의 상품이 없는 것이다. 물론 중간 형태의 대표상품인 투자신탁이 없었던 것은 아니다. 그러나 투신상품에 대한 국민의 의식수준이 낮은데다 운용력 있고 신뢰할 수 있는 투신운용사도 거의 없었다. 이 때문에 투자신탁은 가계금융자산의 유효한 운용수단으로 자리를 잡지 못했다.

투자신탁에 대한 의식조사

조사 내용	미국	일본
'투자신탁은 장기 보유하는 유리한 금융상품이다'	90%	40% 미만
'투자신탁은 금융의 프로가 운용하기 때문에 안심하고 맡길 수 있는 상품이다'	60%	25%

● 출처 : 일본경제신문사 광고국

이에 비해 미국의 경우는 투자신탁과 같은 중간위험 · 중간수익 상품의 역할이 매우 컸다. 미 · 일 투자자의 투신관련 의식조사 결과를 보아도, 투신을 '장기보유하기에 유리한 상품'이라고 생각하는 투자자가 일본은 40%도 되지 않는 데 비해 미국은 90%를 차지하고 있다.

또한 투신을 '운용전문가가 운용하고 있기 때문에 안심하고 맡길 수 있는 상품'이라고 생각하는 투자자가 일본은 20%를 조금 넘는 데 비해 미국은 60% 정도를 차지한다. 미국 증권시장의 발전은 바로 이 투신시장의 발전에 힘입은 것이라고 할 수 있다. 일본의 금융정책 당국은 중요한 정책과제의 하나로 '투자신탁 개혁'을 들고 있는데, 이것은 바로 미국의 경험을 참고로 한 것이다.

우리나라의 경우 금리가 한 자릿수로 낮아진 지 얼마 되지 않아 아직은 국민들이 저금리시대에 대해 실감하지 못하고 있다. 그러나 시간이 지나면서 저금리시대가 정착되고 있다는 인식이 점차 확산될 것이다.

그때는 가계금융자산에서 차지하는 현금·예금 등의 저축상
품의 비중은 줄어들고 위험이 수반되는 투자상품의 비중이 점
점 높아지게 될 것이다. 이른바 저축의 시대에서 투자의 시대로
이행하게 되는 것이다. 그런 만큼 투자교육의 중요성은 커질 수
밖에 없다.

지금까지 우리나라의 투자교육은 주로 금융감독원, 증권거래소, 증권업협회, 투신협회, 상장협의회 등의 증권관련 단체와 증권·투신사들이 맡아서 해왔다. 또한 언론기관 및 사회교육 단체들이 비정기적으로 투자교육 프로그램을 만들어 실시하기도 했다.

그런데 최근에는 각급 학교의 교육과정에도 투자교육과 관련된 내용을 포함시키려는 움직임이 나타나고 있다. 또한 상당수의 대학에서 학생들 스스로 투자와 관련된 자율학습을 하기 위해 증권투자연구모임을 결성하고 있다. 주요 기관의 투자교육 관련 활동내용을 살펴보면 아래와 같다.

■ 금융감독원(소비자보호실)

금융감독원에서는 금융소비자 교육의 일환으로 투자교육 활동을 전개하고 있다. 학교교육에 투자교육 내용이 포함될 수 있도록 교육정책 당국에 제안활동을 하는 한편, 각급 학교 교사들을 대상으로 세미나를 개최하기도 한다.

또한 교육과 관련된 각종 교재도 제작하고 있다.

■ 증권거래소, 증권업협회, 자산운용협회(투자교육팀)

증권거래소, 증권업협회, 자산운용협회 등의 증권 유관기관에서도 청소년을 대상으로 하는 증권·경제 교육과 일반투자자에 대한 투자교육 프로그램을 마련하고 있다.

이들 단체의 주요 사업 내용은 다음과 같다.

- 청소년 대상 증권·경제 교육 표준모델 제정
- 각종 증권·경제 교육 교재 작성
- 각급 학교 교사 대상 증권·경제 교육 실시
- 강사파견 프로그램 도입
- 증권투자 아카데미 개설
- 증권·경제 경시대회 개최
- 웹 형태의 교육자료 지원
- 장기투자 캠페인 등 투자문화 개선 활동

증권·금융단체 이외의 기관에서 투자교육 활동을 벌이고 있는 사례로는 KDI를 들 수 있다.

KDI 경제교육팀에서는 지방자치단체 공무원 및 각급 학교 교사들을 대상으로 경제교육을 실시하고 있는데, 이 교육과정에 투자교육도 포함되어 있다.

참고로 2003년 1월에 중·고등학교 사회과 교사들을 대상으로 한 경제교육 과목을 보면, ① 거시경제에 대한 이해, 공공부문과 경제생활 ② 7차 교육과정의 경제교육 방향과 내용체계 ③ 시장경제의 작동원리와 정부의 역할 ④ 최근 경제동향과 향후 정책방향 ⑤ '돈' 그리고 '금융'이란 무엇인가 ⑥ 상식적 사고와 경제적 사고, 시뮬레이션을 활용한 경제교육의 효과적인 수업방법 탐색 ⑦ 저금리·노령화 시대의 가계자산 운용과 투자교육 ⑧ 기업정신과 경쟁에 관한 이해 ⑨ 국제통상환경과 우리의 대외경제 정책과제 등으로 구성되어 있다.

은행, 카드 등의 금융회사들도 금년 들어 청소년 대상 경제·투자 교육을 활발하게 전개하고 있다. 조기 경제교육 활동이 금융회사의 이미지 제고 효과는 물론, 장기적으로는 현명한 소비자를 길러 고객의 신용부실을 사전 차단하는 역할을 해줄 것으로 기대하고 있기 때문이다.

기타 증권·금융단체, 사회교육단체 등에서도 투자교육과 관련된 사업계획을 수립하려는 단체가 많기 때문에 시간이 갈수록

금융회사의 청소년 금융 경제교육 프로그램

금 융 사	교육 프로그램
우리은행	어린이 대상 신탁상품 판매
조흥은행	'화폐이야기' 등 금융상식 만화책 발간
국민은행	'금융계몽' 위한 'Kid Bank' 프로그램 추진
기업은행	초·중학생 대상 '주니어 경제교육' 강연
제일은행	상업고생 대상 금융관련 순회강연 추진
삼성카드	중고등학생 대상 '신용교육 전국투어'
삼성캐피탈	고등학생 대상 순회 금융교육 실시
현대카드·캐피탈	직원 자녀 대상 신용교육 실시
비씨카드	초등학생 대상 경제교재 발간 예정

● 출처 : 한국경제신문 2003년 1월 21일자

투자교육은 활성화될 것이다. 또한 각 단체별 역할분담 문제도 자연스럽게 제기될 것이다. 다만 현재와 같은 초기 단계에서는 각 단체들이 자유롭게 활동을 전개하는 것이 바람직할 것이다.

각 단체별 역할분담 문제와 관련해서는 〈미국·영국의 금융소비자 교육실태 조사보고서〉를 낸 바 있는 닛코 파이낸셜·인텔리젼스㈜ 투자교육 담당 부이사장 히라오카 히사시부 씨의 의견이 참고가 될 것이다. 히라오카 씨는 투자교육 수준이 미국은 일본보다 20~25년, 영국은 5~10년 앞서 있고, 일본은 한국보다 4~5년 앞서 있다고 보고 있다.

미국과 영국의 금융소비자 교육실태를 비교해 보면, 미국은 투자교육의 역사가 길고 기부문화가 발달되어 있기 때문에 NPO들이 교육을 주도하고 있다. 그러나 영국은 미국과 달리 정부당국이 앞장 서서 교육을 주도하고 있다. 특히 2000년 6월에 제정한 '금융서비스 시장법'에 의해 법적 권한이 부여된 FSA(금융서비스기구)의 활동이 두드러진다. FSA의 설립 목적은, 첫째 영국 금융시스템에 대한 신뢰 유지, 둘째 금융시스템에 대한 일반인들의 이해 증진, 셋째 소비자 보호, 넷째 금융범죄 억제 등이다. 특히 FSA에는 소비자 금융교육을 담당하는 소비자교육 서비스국이 있는데, 이곳은 금융맹을 퇴치하기 위한 교육과 금융소비자에게 정보와 조언을 제공한다. 내용에는 돈의 성질과 이용방법, 위험과 보상의 상호관계, 그리고 자금계획을 세우는 요령 등이 포함되어 있다.

일본의 경우, 투자교육의 역사가 짧을 뿐 아니라 기부문화도 그다지 발달되어 있지 않다. 반면에 투자교육은 서두르지 않으면 안 될 환경에 놓여 있다.

따라서 히라오카 부이사장은 영국의 사례를 참고하여 금융감독원 등 정부당국이 앞장서고 증권·금융단체 등은 미국의 NPO가 하는 역할을 담당하는 것이 바람직하다고 조언하고 있다.

(1) 미국의 투자교육

미국에서는 "경제·투자 교육은 풍요로운 인생을 보내는 데 필요불가결한 것"이라는 인식이 확립되어 있다. 투자교육의 역사 또한 매우 길다.

예를 들어 대표적인 경제교육 NPO인 주니어 어치브먼트(Junior Achievement)는 1919년에 설립되었으며, 같은 NPO로서 미국 경제교육의 표준모델을 책정하고 있는 미국경제교육협회는 1949년에 설립되었다. 미국에서는 NPO활동이 매우 활발한데, 여기에는 미국의 기부문화가 큰 역할을 하고 있다. 미국 내의 개인 또는 기업이 의료, 복지, 투자교육 등 각종 NPO에 내는 기부금이 매년 2,000억 달러가 넘는다고 한다.

미국 NPO에 대한 기부금 규모

● 기부금 수령 단체의 유형별 내역

	금액(억 달러)	비율(%)
종교	810	38.2
교육	318	15.0
휴먼서비스	207	9.8
건강	184	8.7
예술 · 문화	121	5.7
사회자선	118	5.6
환경	64	3.0
국제적 사항	41	1.9
합계(기타 포함)	2,120	100.0

● 기부 단체의 유형별 내역

	금액(억달러)	비율(%)
개인	1,607	75.8
기금	259	12.2
유산	163	7.7
기업	91	4.3
합계	2,120	100.0

● 출처 : American Association of Fundraising Council, 2001년 기준

　　미국의 투자교육은 경제교육, 소비자교육, 금융 · 자산관리 교육을 기본으로 하고 있으며, 국민 각층을 대상으로 각종 단체, 기업이 교육을 담당하고 있다.

　　다음은 투자교육 대상자를 연령, 직업을 기준으로 분류한 것이다.

금융 · 투자교육 대상자 분류

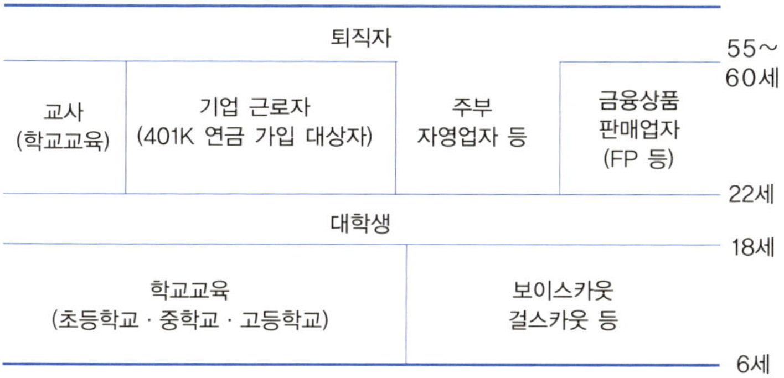

			55~60세
	퇴직자		
교사 (학교교육)	기업 근로자 (401K 연금 가입 대상자)	주부 자영업자 등	금융상품 판매업자 (FP 등)
			22세
	대학생		18세
학교교육 (초등학교 · 중학교 · 고등학교)		보이스카웃 걸스카웃 등	
			6세

연령은 대표적인 예를 나타낸 것.
● 출처 : 닛코 파이낸셜 · 인텔리전스(주)

■ 학교교육

먼저 학교교육을 살펴보면 학교교육은 각 주의 관할사항이기 때문에 전국 레벨의 학습지도 기준은 없지만 표준모델로서 '경제학습의 내용에 관한 전 미국 기준'이 있다. 이것은 1994년에 제정된 '미국교육법'에 의거하여 NPO가 책정한 것인데, 1~12학년(초등~고등학교)에서 학습해야 할 커리큘럼을 제시하고 있다.

초등학교 저학년에서는 '돈은 무엇이며 어떻게 써야 하는가'와 같은 경제의 기본개념을 주변의 사례를 들어 재미있게 가르친다. 초등학교 고학년부터 중학교 사이에는 '기업과 증권시장에 대한 학습'을 시작한다. 고교에서는 '투자방법의 선택'과 같은 각론에까지도 들어간다. '수익은 어떻게 올리는가, 이에 따르는 위험은 무엇이며 어떻게 막을 수 있는가' 등에 대해서도 가르친다. 모의투자게임 실습도 한다.

학교 교사에 대한 지원체제도 매우 잘 되어 있다. 많은 연구와 개선을 거듭하여 작성한 교재를 제공하기도 하고, 교육방법 등에 대한 세미나도 자주 개최한다. 이런 활동은 NPO 및 업계 단체가 맡아서 하고 있다.

교사들은 클래스 운영은 자유롭게 할 수 있는 반면에 교재나 교육 프로그램은 스스로 준비해야 한다. 따라서 이들 단체들이 개최하는 세미나 내용과 배포되는 자료들을 유용하게 활용한다.

예를 들어 NICE(National Institute for Consumer Education)는 1973년에 설립된 NPO인데, 관련단체와 협력하여 초·중·고등학교 교사들에게 금융소비자 교육용 프로그램과 세미나 등을 제공하고 있다. 자료작성에는 동 미시건대학이 협력하고 있다. CCEE(Colorado Council an Economic Education)는 1976년에 설립되었는데, 콜로라도의 유치원생에서부터 12학년(고3)을 가르치는 학교에 대해 콜로라도 주가 기준으로 하고 있는 경제교육 내용을 가르친다. 또한 미국경제교육협회와 제휴해서 매년 정기적으로 교사대상 세미나를 개최하기도 한다.

FP협회의 관련조직에서 분리하여 설립된 NPO인 미국금융교육기금은 고교생용 FP프로그램을 1984년부터 운영하고 있다. 기타 뉴욕증권거래소(NYSE), 전 미국증권업협회(NASD), 나스닥 주식시장 교육기금 등의 업계 단체들도 미국 개인투자자 협회(American Association of Individual Investment) 등과 제휴하여 교사들을 위한 투자교육을 실시하고 있다.

■ 확정갹출형 연금(401K) 가입자에 대한 투자교육

미국에는 확정갹출형 연금을 도입하고 있는 기업과 단체들이 많은데, 이 연금을 어떤 투자상품에 투자할 것인가는 연금 가입자들이 결정해야 한다. 따라서 가입자에 대한 투자교육이 필수적이다(종업원퇴직소득보장법 : ERISA). 연금스폰서들은 의무적으로 집합교육, 웹을 통한 교육, 교재배포 등을 통해 투자교육을 실시하지 않으면 안 되는 것이다.

■ 기타 일반인에 대한 경제 · 투자교육

미국에서는 학교조직, 기업조직을 통한 투자교육 이외에도 국민 각층에 대해 다양한 채널과 매체를 통해 투자교육을 실시하고 있다. 일반 대중, 퇴직자, 여성(주부) 등은 물론 저소득층의 소수민족, 신체장애자, 암 환자, 알코올중독자 등 특수한 환경에 처해 있는 사람들에게까지 그에 맞는 경제교육을 실시하고 있는 것이다.

교육을 제공하는 주체도 국가, 지방자치단체를 위시하여 기부금을 재원으로 하는 NPO에 이르기까지 매우 다양하다. 개인투자자, 투자클럽 등에게 교육프로그램을 제공하는 NPO도 있다.

뿐만 아니라 민간기업이 자사 상품의 선전을 떠나 투자자 일반에 대해서 웹 등을 통해 완성도가 매우 높은 투자교육 콘텐츠를 제공하는 사례도 있다.

사용하는 자료나 교육프로그램은 대부분 이해하기 쉽게 작성되어 있고, 다른 단체가 만든 것을 상호 제휴하여 공동으로 이용하는 경우도 많다. 다른 것이 있다면 제공주체별 교육목표이며, 교육대상에 따라 그에 맞는 프로그램을 제공하고 있다. 또한 웹상에서 서로 연결되어 있기 때문에 각 주체의 자료를 서로 유용하게 활용하고 있다.

현재 활발하게 경제ㆍ투자 교육활동을 하고 있는 NPO 몇 단체를 소개하면 다음과 같다.

■ **미국저축교육협의회(American Savings Education Council; ASEC)**

국민들에게 저축과 퇴직계획의 중요성을 인식시키기 위해 1995년에 설립된 NPO인데 종업원복지연구소(Employees Benefits Research Institute : EBRI)의 교육ㆍ연구기금의 일부분으로 활동하고 있다. 파트너에는 미국생명보험협회(ACLI), 미국투자신탁협회(ICI), 전 미국퇴직자협회(AARP), NEFE 등의 NPO 외에도 민간기업과 금융기관이 참여하여 활동자금을 내고 있다. 노동성, 증권거래위원회(SEC) 등의 정부기관과 주립대학 등이 조사ㆍ연구 및 기타 활동면에서 파트너가 되어 주고 있다.

■ 미국퇴직자협회
(American Association of Retired Persons; AARP)

퇴직자와 퇴직이 가까워오고 있는 사람들을 대상으로 이들의 복리후생을 향상시키고 이익을 옹호해 주기 위해 1958년에 결성된 NPO다. 50세 이상이면 누구라도 가입할 수 있는 회원제 조직이며, 현재 3,400만 명 정도의 회원을 확보하고 있어 세계 최대의 규모이다. 소수의 유급 스태프 외에 16만 명에 달하는 자원봉사자들이 협회활동을 지원하고 있다.

■ 여성을 위한 금융교육연구소
(Women's Institute for Financial Education; WIFE)

다양한 연령층의 여성을 대상으로 경제·투자 교육기회를 제공한다는 목적하에 1988년에 설립된 NPO다. 역사는 그리 길지 않지만 세미나, 워크숍 등을 개최하는 등 활발한 교육활동을 하고 있다.

예를 들어 갑작스런 이혼이나 사별을 하게 된 여성들이 경제문제에 어떻게 대응해 나갈 것인가 등을 지도하는 프로그램도 제공하고 있다.

■ 전 미국 개인투자자협회
(American Association of Individual Investors; AAII)

투자자가 효과적이고 유리한 투자를 할 수 있도록 관련된 지식과 방법을 지도하기 위해 1978년에 결성된 NPO다. 퇴직계획 수립방법, 주식·투신 등의 금융상품 포트폴리오 관리와 같은 증권투자에 관한 교육프로그램을 전문적으로 제공하고 있다.

퇴직저축 필요액의 시산, 자녀교육 준비 등에 대한 일반적인 지식은 웹을 통해서 일반에게도 공개적으로 제공하고 있지만 보다 구체적인 지식이나 방법 등은 회원에 한하여 제공한다. 회원의 연회비는 49달러(2001년)다.

교육프로그램은 〈AAII Journal〉, 〈Computerized Investing〉, 〈Mutual Fund Book〉 등의 기관지를 통해 제공하고 있다.

그 외에 전국 각지에서 세미나를 개최하고 지방 지부별로 각종 이벤트를 개최하기도 한다. 교육자료 작성에는 대학교수나 전문적인 실무가를 기용하고 있다.

■ 전 미국 투자자협회
(National Association of Investors Corporation; NAIC)

1951년에 결성된 개인투자자 및 투자클럽을 대상으로 하는 회원제 NPO다. 건전한 투자정보와 실증된 투자분석 방법을 주요 내용으로 하는 투자교육 프로그램을 제공하고 있으며, 지금까지 500만 명 이상의 개인에게 투자교육을 실시해 왔다. 2000년 말 현재 약 3만 6,000개의 회원클럽과, 개인회원 약 4만 8,000명을 확보하고 있다. 투자클럽회원과 개인회원을 합하면 54만 명이 넘는다. 일반의 연회비는 39달러(2001년).

또한 18세 이하의 청소년 회원을 대상으로 하는 서비스도 하고 있는데, 그 회원수는 4,100명(2000년 말)이며 연회비는 20달러다.

■ 증권판매업자(FP 등)에 대한 투자교육

투자자에게 금융상품을 판매하는 업자에 대한 교육도 미국에서는 매우 중요시되고 있다.

미국에는 증권회사에 속해 있지 않으면서 증권회사와 계약을 맺고 증권영업을 하는 IC(Independent Contractor)가 있다. 미국에서 IC는 증권영업원의 3할 정도를 차지하는 중요한 판매 채널이 되어 있다. 특히 최근에는 회계사, 파이낸셜 플래너(FP), 보험영업원 등이 IC가 되어 투자신탁 등의 자산관리형 상품을 판매하는 사례가 늘고 있다. 증권회사에 소속되어 있는 영업사원의 경우에는 회사로부터 새로운 지식이나 정보가 제공된다. 그러나 IC 중에는 조직화되어 있지 않은 사람도 많아 자기 스스로 관련지식을 습득해 나가지 않으면 안 된다. 이와 같이 어느 정도 금융에 관한 지식을 갖고 있지만 투자·증권의 전문가가 아닌 증권판매업자에게 투자교육 프로그램을 제공하는 단체가 FIA(Forum for Investor Advice)다.

FIA는 1994년에 설립된 NPO로서 증권회사, 투신사, 은행, 보험사 등 67개사를 회원으로 갖고 있는 업계 단체다. 고객에게 파이낸셜 어드바이저가 얼마나 가치있는 존재인가를 어필하는 한편, 이들 파이낸셜 어드바이저의 질을 높이기 위해 다양한 교육을 실시하고 있다.

한편 미국에는 독립 FP를 조직화시켜 자기 회사의 상품을 판매시키는 업자도 많다. 그 대표적인 사례가 1894년에 설립된

AEFA(American Express Financial Advisors)다. AEFA는 파이낸셜 플래닝의 과정을 통해서 금융상품을 판매하고 있는데 취급상품은 투신, 보험, CD의 3종류다. AEFA와 전속계약을 맺고 있는 파이낸셜 어드바이저(FA)는 약 1만 명, 고객수는 약 200만 명, 예탁자산은 2,300억 달러 정도인 것으로 알려지고 있다.

AEFA는 판매원인 FA에 대해 다양한 교육을 실시하고 있다. 사무실연수, 그룹연수, AEFA대학이라고 부르는 전용연수센터 교육 등이 그것이다.

(2) 일본의 투자교육

4~5년 전부터 일본에서도 투자교육이 중요한 정책과제로 대두되기 시작했다. 지금까지 일본의 정책당국은 투자교육에 그다지 관심을 두지 않았다. 학교나 사회교육단체 그리고 은행, 증권사와 같은 금융기관들도 이 일에 소홀했다. 가계에 여유자금이 생기면 은행이나 우체국 또는 보험회사 등의 간접금융기관에 가서 저축만 하면 된다고 생각했던 것이다. 이들 금융기관이 책임지고 운용해 줄 것이라 믿었던 국민들은 안심하고 본업이나 열심히 하면 되었다.

기업은 금융기관에 맡겨진 자금을 빌려다가 사업을 하는, 이른바 간접금융에 주로 의존했고, 국민은 예금으로 대표되는 간접금융상품을 주된 저축수단으로 생각하였다. 1990년대 중반까지만 해도 기업은 자금조달의 80% 정도를 간접금융에 의존했고 가계도 금융자산의 60% 정도는 은행이나 우편국에 예금을 했다. 투자에 위험이 따르는 직접금융상품의 보유비율은 10% 정도밖에 되지 않았다. 적어도 1980년대까지의 일본은 이러한 간접금융시스템으로 성공을 해온 나라였다고 할 수 있다.

그러나 1990년대 이후 자유시장경제권의 확대, IT산업의 발달, 제품수명의 단기화 현상 등으로 경제환경이 바뀌면서 간접금융시스템에 따른 일본식의 성공방식에 문제가 생기기 시작했다. 정책당국은 금융기관의 부실화로 개인금융자산이 훼손되는 것을 보고 투자에 따르는 위험을 금융기관에 집중시켜온 데 따른 문제점을 인식하기 시작했다.

국민들 또한 자기 재산은 자기가 지킬 수밖에 없다는 생각을 갖게 되었다. 정책당국은 금융과 관련된 규제를 대폭 철폐하기로 했다. 이른바 금융빅뱅이다. 기업은 증권시장에서 주식이나 채권과 같은 유가증권을 발행하여 직접 자금을 조달하고, 국민들은 자기책임하에 이들 기업이 발행한 금융상품을 사는, 이른바 직접금융 중심으로 정책이 바뀌었다.

간접금융 시스템일 때와는 달리 이제 국민들은 투자하는 상품의 수익성, 그에 따르는 위험 등을 투자자 스스로 분석해 보고 투자 여부를 결정하지 않으면 안 되었다. 모든 것이 자기 책임이 되었기 때문이다. 3~4년 전부터 일본에서 투자교육이 중요한 과제로 등장한 이유가 바로 여기에 있다.

특히 2002년부터 일본에도 확정갹출형 기업연금이 도입되면서 증권·금융업계와 연금스폰서 기업들은 투자교육을 강화시키기 시작했다. 당장 자기책임하에 운용상품을 골라야 하는 연금가입자들에게 투자교육을 시키지 않으면 안 되었던 것이다.

그러나 일본의 투자교육은 이제 막 시작된 단계이다. 중요성에 대해 관·민 사이에 콘센서스가 이루어져 이제는 어떤 방식으로 해야 하는가를 연구하고 있는 단계인 것이다. 관계당국, 업계 단체에서는 투자교육 선진국인 미국이나 영국에 시찰단을 보내어 투자교육실태를 조사하고 '투자교육의 방향'에 대한 연구보고서를 발표하기도 했다.

각급 학교에서도 투자교육의 중요성을 인식하여 교육과정에 투자관련 내용을 포함시키기 시작했다. 2002년 신학기부터 중학교 '공민' 교과서에 '투자'와 '증권시장'에 관한 내용을 2페이지 분량으로 소개한 것이 그 한 예라 하겠다. 증권단체 또는 대형 증권사 그룹이 각 대학에 비용을 내고 강사를 파견하여 '기부강좌'를 개설하는 사례도 늘고 있다.

1998년에 의원입법으로 '특정 비영리활동 촉진법'이 제정되면서 투자교육 NPO도 생겨나기 시작했다. 현재 10여 개의 투자교육 NPO가 활동을 하고 있는 것으로 알려져 있다. 증권업협회 등 증권관련 단체가 지원하는 '투자와 학습을 보급·추진하는 모임', 닛코증권그룹이 지원하는 '금융지식보급협회', 증권

계 OB들이 자원봉사자로 나서서 결성한 '증권학습협회' 등이
그 사례다.

　미국과 일본의 사례를 감안한다면 우리나라에서도 훨씬 오래
전부터 투자교육의 중요성이 인식되었어야 했다. 그런 면에서
늦은 감은 있지만 최근 들어 투자교육에 대한 관심이 급격하게
높아가고 있다는 것은 참으로 다행한 일이 아닐 수 없다. 우리
나라에도 '투자교육의 중요성'에 대한 컨센서스는 거의 이루어
진 단계에 와 있다고 볼 수 있는 것이다.

　이제는 투자교육의 내용과 교육방법, 교육주체 그리고 교육을
맡을 강사요원 양성방법 등에 대해 구체적인 연구가 있어야 할
것이다. 투자교육 NPO가 활동할 수 있도록 하는 환경조성도 필
요하다. 증권·금융업계는 투자교육의 보급이 업계의 발전과
직결된다는 생각으로 이들 교육단체에 대한 지원을 아끼지 말
아야 할 것이다.

　나는 이런 중요한 시기에 투자교육의 현장에서 일할 수 있게
된 것을 보람으로 생각하고 있다.

　미국 연방준비위원회의 그린스펀 의장은 의회의 증언에서
"금융·투자 교육은 수학교육 이상의 중요성을 갖는다"고 말했
다. 미국 정책당국이 경제·투자 교육을 얼마나 중시하고 있는
가를 나타내는 발언이다.

　우리도 하루 빨리 관계당국, 업계, 그리고 사회교육 및 학교교

육 관계자들이 서로 연계하여 활발한 투자교육을 할 수 있기를
바란다.